自轮运转车辆驾驶岗位技能指导（轨道作业车）

金鹰重型工程机械股份有限公司　编

中国铁道出版社有限公司

2023年·北　京

图书在版编目(CIP)数据

自轮运转车辆驾驶岗位技能指导：轨道作业车/金鹰重型工程机械股份有限公司编．—北京：中国铁道出版社有限公司，2021.8（2023.5 重印）
ISBN 978-7-113-28061-1

Ⅰ.①自… Ⅱ.①金… Ⅲ.①轨道车-驾驶术-岗位培训-教材 Ⅳ.①U216.61

中国版本图书馆 CIP 数据核字(2021)第 113015 号

书　　名：自轮运转车辆驾驶岗位技能指导(轨道作业车)
作　　者：金鹰重型工程机械股份有限公司

责任编辑：高　楠　**编辑部电话：**(010)51873347　**电子邮箱：**13522756157@163.com
封面设计：曾　程
责任校对：孙　玫
责任印制：高春晓

出版发行：中国铁道出版社有限公司(100054，北京市西城区右安门西街 8 号)
网　　址：http://www.tdpress.com
印　　刷：国铁印务有限公司
版　　次：2021 年 8 月第 1 版　2023 年 5 月第 2 次印刷
开　　本：880 mm×1 230 mm 1/32　**印张：**5　**字数：**120 千
书　　号：ISBN 978-7-113-28061-1
定　　价：40.00 元

前　言

为提高轨道作业车驾驶人员业务素质和技能水平，普及轨道作业车基础知识，参照《铁路技术管理规程(普速铁路部分)》《铁路技术管理规程(高速铁路部分)》《轨道作业车管理规则》《铁路机车操作规则》《轨道车运行控制设备运用维护管理办法》，结合相关车型和有关设备的使用保养说明书，金鹰重型工程机械股份有限公司组织编写了《自轮运转车辆驾驶岗位技能指导(轨道作业车)》。

全书共十章，内容涵盖轨道作业车基本构造、常见故障处理、驾驶操作、维护保养等专业知识以及行车闭塞、常见信号显示、一次出乘、车机联控、呼唤应答等行车规章和作业标准。为便于使用人员更直观地了解和学习轨道作业车专业知识，在第一章“轨道作业车基本构造与性能”配以了大量实物照片，以供参照。

本书主编人员：蔡林、梁会青，参编人员：邓超、刘自峰、张义宁、范俊、龚德政、朱明俊、陈祥、冯策、王洪莲；主审人员：肖绪明、许清芳。在编写过程中，还得到许多同仁的大力支持和帮助，在此一并表示感谢。

由于编者水平有限，编写时间仓促，书中难免有不妥和疏漏之处，恳请读者批评指正；使用中若行业相关规程、规则等有更新变化时，请以最新版为准。

编　者

2021 年 8 月

目　录

第一章　轨道作业车基本构造与性能

轨道作业车是用于铁路基础设施检测维修、应急抢险等工作的重要装备，是工电自轮运转特种设备的重要组成部分。轨道作业车按传动方式可分为机械传动、液力传动和电传动三种。目前常见的机械传动轨道作业车主要有 GC-220 型、GC-270 型重型轨道车和 JW-4 型接触网作业车；液力传动轨道作业车主要有 GCY-300Ⅱ型重型轨道车、JW-4G 型接触网作业车；电传动轨道作业车主要有 GCD-1000 型重型轨道车。因机械传动和液力传动轨道作业车应用较为广泛，本书主要介绍机械传动和液力传动轨道作业车：机械传动轨道作业车以用量较大的 GC-270 型、JW-4 型作为代表车型；液力传动轨道作业车以用量较大的 GCY-300Ⅱ型、JW-4G 型作为代表车型。

第一节　机械传动轨道作业车

一、主要性能特点

GC-270 型和 JW-4 型车的动力及传动系统采用重庆康明斯 NT855 系列（或选用潍柴 WP12 系列）柴油发动机配套 Fuller（富勒）RT-11509C 型变速箱；制动系统安装具有自动保压性能的 JZ-7 型或 JZ-7G（G 指制动手柄加高）型空气制动机，本书统称为 JZ-7 型；走行系统采用两轴焊接转向架结构；车轴轴承箱采用弹性定位方式；车体两端设有 13B 型上作用式缓冲车钩。整车具有良好的运行稳定性和平稳性、良好的启动和牵引性能、制动性能可靠、操纵维修方便、安全防护设施齐全等特点。

二、基本构造

GC-270 型和 JW-4 型车的外形如图 1—1 所示，主要由动力及传动系统、走行系统、车钩缓冲装置、电气系统、制动系统、液压系统(JW-4 型)和作业机构(JW-4 型)等组成。

(a) GC-270型　　(b) JW-4型

图 1—1　机械传动轨道作业车

(一)动力及传动系统

动力及传动系统主要由发动机、离合器、变速箱、传动轴、固定轴、换向分动箱、车轴齿轮箱等部件组成，如图 1—2 所示。

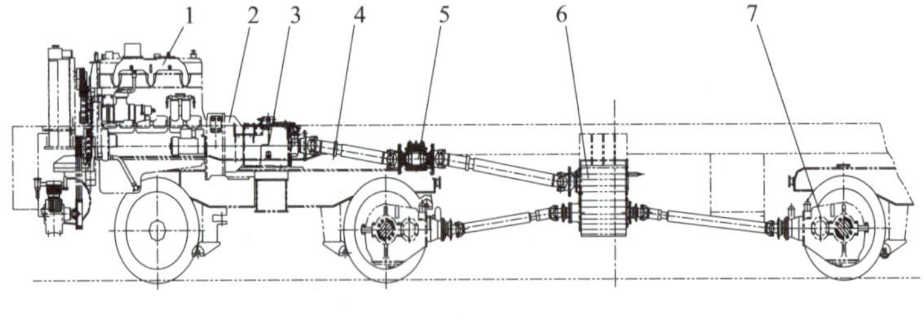

图 1—2　动力及传动系统示意

1—发动机；2—离合器；3—变速箱；4—传动轴；

5—固定轴；6—换向分动箱；7—车轴齿轮箱

(二)走行系统

走行系统主要由转向架构架、轮对、车轴轴承箱、液压减振器、旁承等组成。

(三)车钩缓冲装置

车钩缓冲装置主要由13B型上作用式车钩和缓冲器组成。

(四)电气系统

电气系统由直流系统和交流系统两部分组成。直流系统为24 V负极搭铁的单线制供电系统,主要由电源(包括蓄电池、充电发电机)、照明及辅助装置、仪表及信号显示、控制装置等组成。交流系统主要由发电机组、75 kW发电机(选装)、取暖器、空调等组成。

(五)制动系统

制动系统由空气制动、基础制动装置、撒砂装置和人力制动机组成。空气制动主要由压缩空气供给系统、JZ 7型空气制动机、无动力装置、手动紧急制动阀等组成。基础制动装置主要由制动缸所驱动的杠杆系统和闸瓦等组成。撒砂装置由撒砂电控阀、控制管路、砂箱、撒砂管等组成。人力制动机主要由伞齿轮、滑杆、螺杆座、连杆、滑轮、钢丝绳、摇把等组成。

(六)液压系统

JW-4型车的液压系统主要由作业油泵、液压阀件、液压马达、液压油缸、应急手油泵、液压油箱及附件等组成,为作业机构提供动力。

(七)作业机构

JW-4型车的作业机构主要由作业平台、随车起重机等组成,用于电气化区段接触网设施的安装、维修和日常检查、保养等工作。

三、车辆构造详解与相关要求

GC-270型和JW-4型两种车型的构造相似,该部分以GC-270型车为主进行介绍。

(一)车辆前端

车辆前端,如图 1—3 所示。

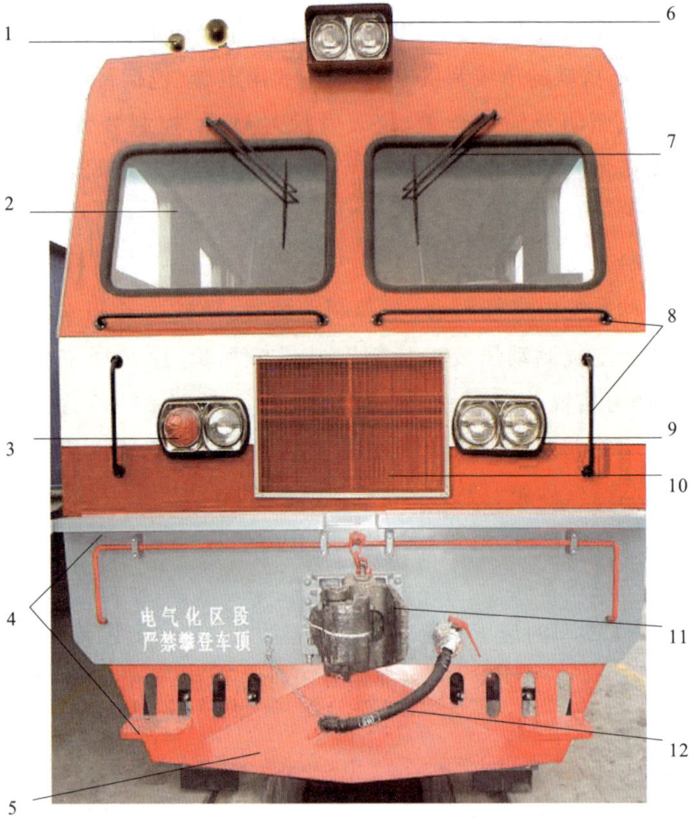

图 1—3 车辆前端

1—风笛;2—挡风玻璃;3—信号灯;4—踏板;5—排障器总成;6—上大灯;7—雨刮器;8—扶手;9—下大灯;10—百叶窗;11—车钩缓冲装置;12—制动软管总成

1. 车钩缓冲装置

车辆的前、后端安装有 13B 型上作用式车钩及缓冲器或 2 号车钩,如图 1—4 所示。

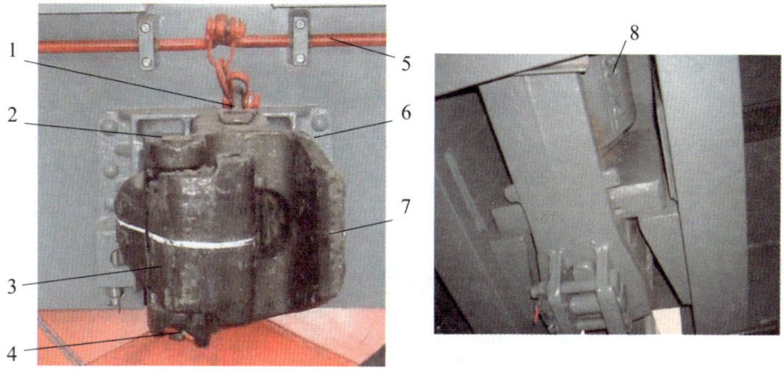

图 1—4 13B 型车钩缓冲装置

1—上锁销；2—钩舌销；3—钩舌；4—钩舌销开口销；

5—钩提杆；6—钩座；7—钩体；8—缓冲器

相关要求：

(1)车钩三态分别为闭锁位、开锁位、全开位，其中闭锁位尺寸为 110～120 mm，全开位尺寸为 218～233 mm(2 号车钩闭锁位尺寸为 110～130 mm，全开位尺寸为 220～250 mm)，车钩中心水平线距轨面的运用高度为 845～890 mm(新制车出厂标准为880 mm±10 mm)，同一车辆两车钩中心水平线高差不大于 10 mm。

(2)车钩关键部件按周期进行探伤，应无裂纹。

2. 制动软管总成

制动软管总成如图 1—5 所示，用于连结相邻各车辆的制动主管，能在列车通过曲线或各车辆间距发生变化时，保障压力空气的畅通。

相关要求：

(1)制动软管按周期进行水压试验，周期应不超过 6 个月。

(2)制动软管未处于连结状态时，应将防尘堵和连结器挂好，防止异物进入。

3. 排障器总成

车辆两端安装有排障器总成，可有效清除轨道上的障碍物，保证车辆的运行安全，如图 1—6 所示。

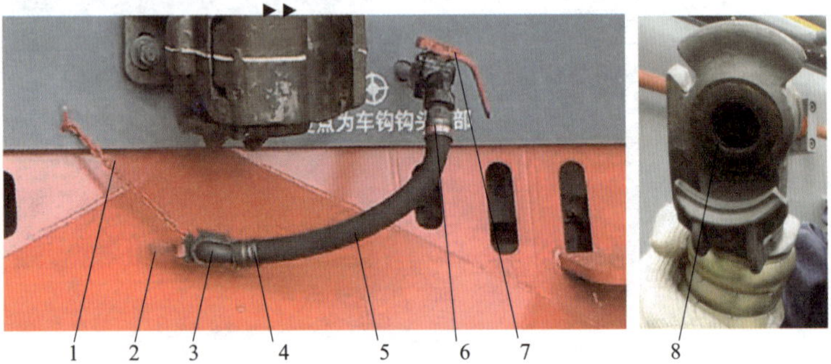

图 1—5　制动软管总成

1—安全链；2—防尘堵；3—制动软管连结器；4—管卡；5—制动软管；6—水压试验标牌；7—折角塞门；8—密封圈

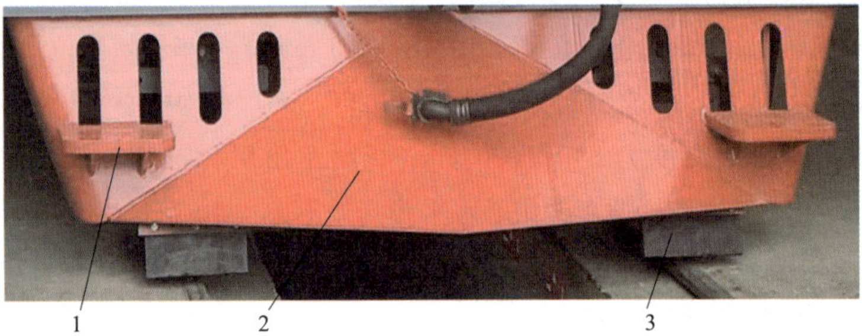

图 1—6　排障器总成

1—调车踏板；2—排障器；3—扫石器

相关要求：

(1)排障器下平面距轨面高度为 90～130 mm，扫石器橡胶板下缘距轨面高度为 20～25 mm，如图 1—7 所示。

(2)扫石器由于经常与轨面上的杂物接触，橡胶板磨损较快，不符合要求时应及时调整高度或更换。

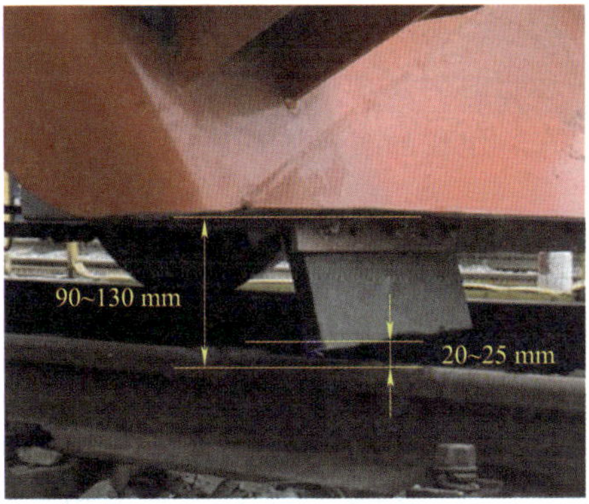

图 1—7　排障器、扫石器高度

（二）车辆左侧

车辆左侧，如图 1—8 所示。

图 1—8　车辆左侧

1—车体；2—空压机；3—转向架总成；4—基础制动装置；5—牵引拉杆装置；6—踏梯；7—燃油箱、蓄电池箱；8—制动阀件；9—人力制动机

1. 车体

车体由车架、侧墙、前后端墙、顶棚及车门扶手、窗玻璃等组

成。侧墙两侧设有车门；Ⅰ端端墙设有百叶窗、侧墙两侧设有侧风门，用于车辆运行时为发动机散热；两端司机位侧墙上印有局、段名称、路徽和车号组成的轨道作业车标志。

相关要求：

(1)车体应平整无倾斜，局、段名称及车号清晰。

(2)根据车辆运行工况，正向行驶时可开启百叶窗，逆向行驶时可开启侧风门。

2. 空压机

空压机是空气制动系统的重要组成部件，其功能是产生具有一定压力的压缩空气，以供制动系统和气动装置使用，如图 1—9 所示。

图 1—9　空压机

1—空滤器；2—机体；3—油位镜；4—张紧轮；5—出风软管；6—带轮及皮带；7—调整螺栓

相关要求：

(1)空压机油位应位于油位镜中部，不足时及时补充。

(2)空压机皮带应完整无缺失,挠度符合要求(用20～50 N的力下压皮带中部,挠度为20～30 mm),不符时进行调整;皮带出现老化、裂纹、打滑现象时应及时更换。

3. 转向架总成

转向架总成属于走行系统的重要组成部件,主要由轮对、转向架构架、车轴轴承箱、弹性悬挂装置等组成,如图1—10所示。其作用是支撑车体并传递各种作用力,保证车辆安全、平稳的运行。

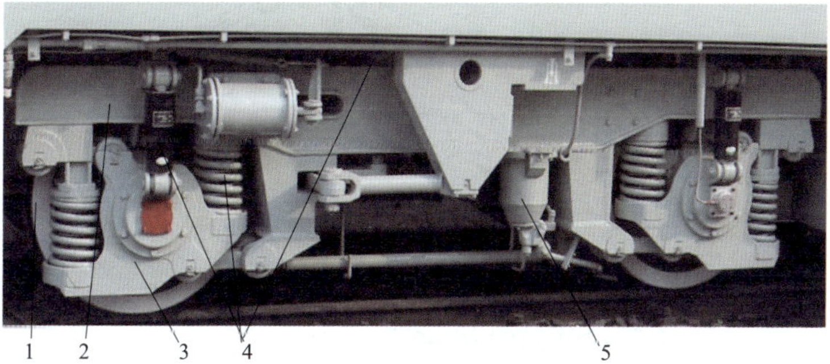

图1—10　转向架总成

1—轮对;2—转向架构架;3—车轴轴承箱;4—弹性悬挂装置;5—撒砂装置

(1)轮对

轮对是走行系统中最重要的部件之一,由车轴和车轮组成。

相关要求:

①车轮踏面应无剥离、擦伤、碾片,轮缘、轮辋厚度不小于23 mm,轮轴弛缓线(车轮与车轴结合部呈均匀分布的3条红色标识线,如图1—11所示)应清晰无错位。

②按规定周期对车轴进行探伤。

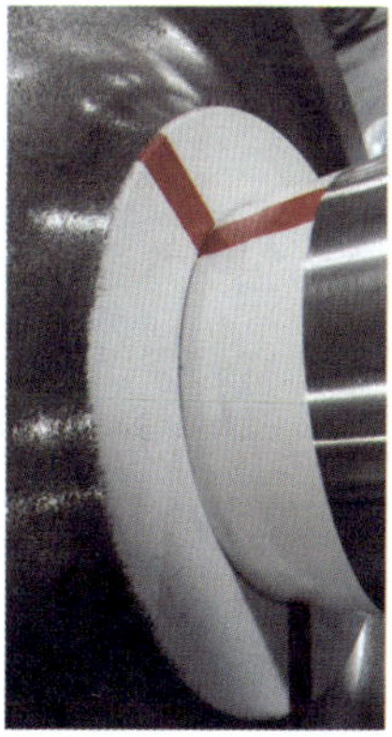

图1—11　轮轴弛缓线

(2)转向架构架

转向架构架如图 1—12 所示,其作用是将转向架的各个组成部分连接起来,并保证它们之间的相互位置关系。构架侧梁底面设有轴箱侧挡体,用于限制轮对相对转向架的横向移动量;构架侧梁侧面设有车体侧挡,用于限制转向架相对车体的横向移动量。

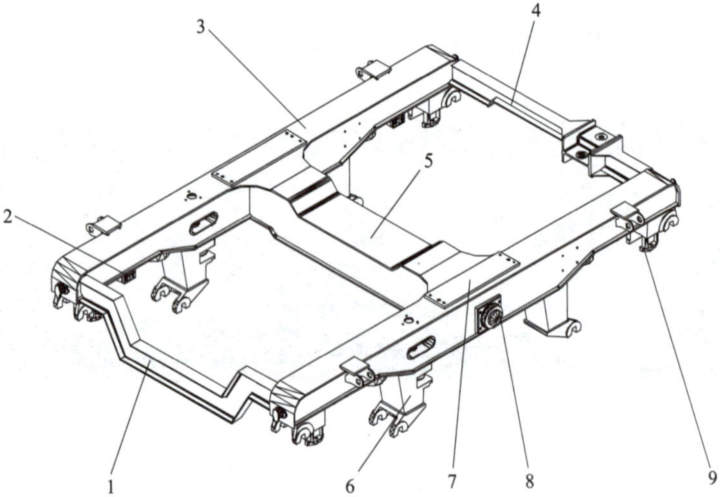

图 1—12 转向架构架示意

1—后端梁;2—轴箱侧挡体;3—侧梁;4—前端梁;5—横梁;6—下拉杆座;7—旁承座;8—车体侧挡;9—上拉杆座

相关技术要求:

①构架焊缝应无裂纹、无开焊。

②轴箱侧挡磨耗板与轴箱体止挡两侧间隙之和应为 4～8 mm,间隙过大时可在磨耗板背面加垫片调整,如图 1—13 所示。

③车体侧挡与牵引座两侧间隙之和应为 29～35 mm,超过时可在侧挡背面加垫板调整,如图 1—14 所示。

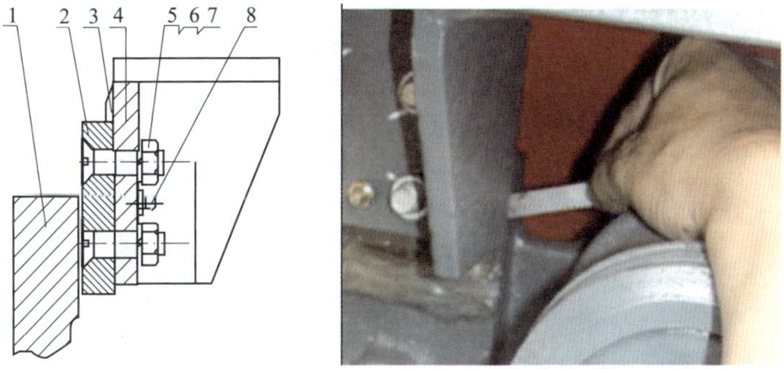

图 1—13　轴箱侧挡

1—轴箱体止挡；2—磨耗板；3—调整垫；4—侧挡座；5—螺母；6—垫圈；7—螺栓；8—黄油嘴

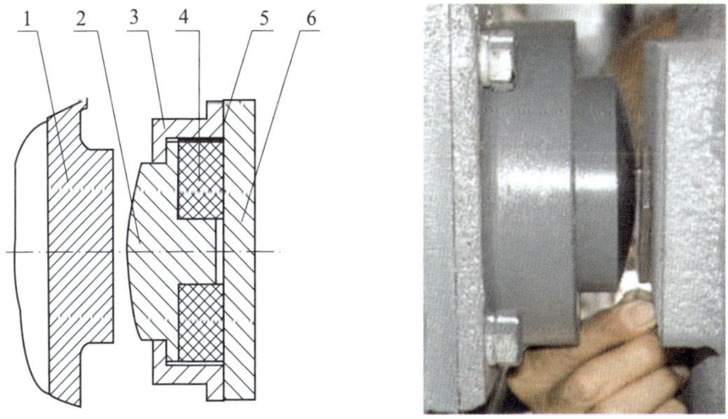

图 1—14　车体侧挡

1—牵引座；2—侧挡体；3—侧挡座；4—缓冲垫；5—调整垫；6—座板

(3)车轴轴承箱

车轴轴承箱把转向架构架与轮对连接在一起，实现对轮对的定位作用，同时将车轮的滚动转换成车体的水平运动，如图 1—15 所示。

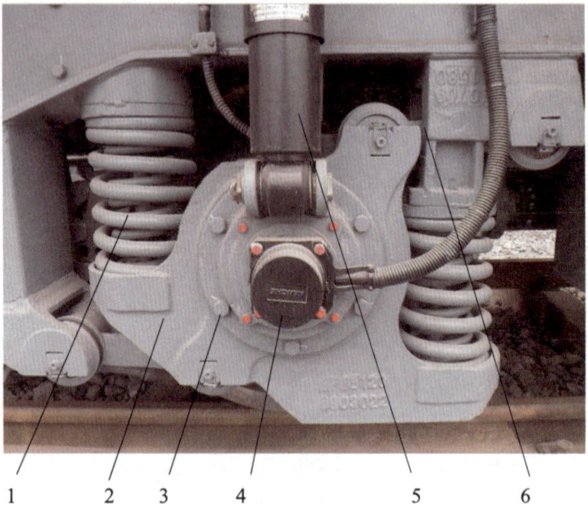

图 1—15　车轴轴承箱

1—轴箱弹簧;2—轴箱体;3—轴箱前盖;4—测速电机;5—液压减振器;6—轴箱拉杆

相关要求:

①各端盖应安装牢固,无渗漏油现象。

②运行过程中,轴箱温升不得超过 55 K,最高温度不得超过 90 ℃。如温度太高或局部温度过高,应查明原因及时处理。

(4)弹性悬挂装置

弹性悬挂装置分为一系悬挂装置和二系悬挂装置,其作用是缓和来自线路和轮对的冲击,保证车辆运行的平稳性。其中一系悬挂装置包括轴箱弹簧和液压减振器(如图 1—15 序号 1 和序号 5 所示);二系悬挂装置为常摩擦油浴式弹性旁承(或采用四点橡胶堆旁承＋横向液压减振器的方式,图示和相关要求参照 GCY-300Ⅱ型车),如图 1—16 所示。

相关要求:

①轴箱弹簧应落实且无断裂现象。

②液压减振器应安装牢固,无渗漏油现象。

③旁承应润滑良好,根据需要加注润滑油。

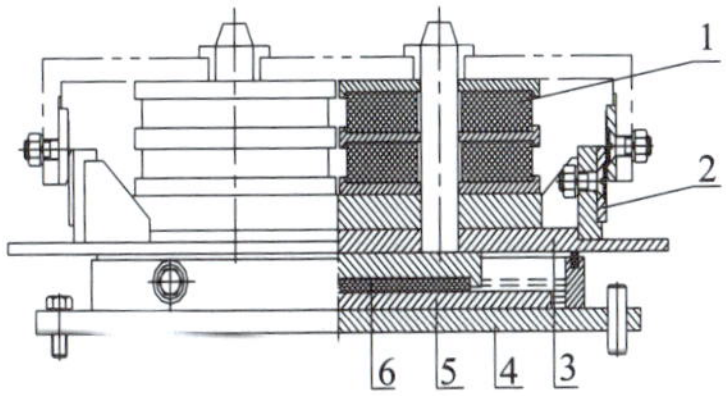

图 1—16 常摩擦油浴式弹性旁承

1—橡胶垫;2—磨耗板;3—上旁承体;4—下旁承体;5—下摩擦板;6—上摩擦板

④旁承的间隙应符合要求,根据需要进行调整。

(5)撒砂装置

撒砂装置属制动系统的辅助部件,如图 1—17 所示。其作用是改善轮轨接触面的状态,提高黏着系数,防止车轮出现空转和滑行等现象。

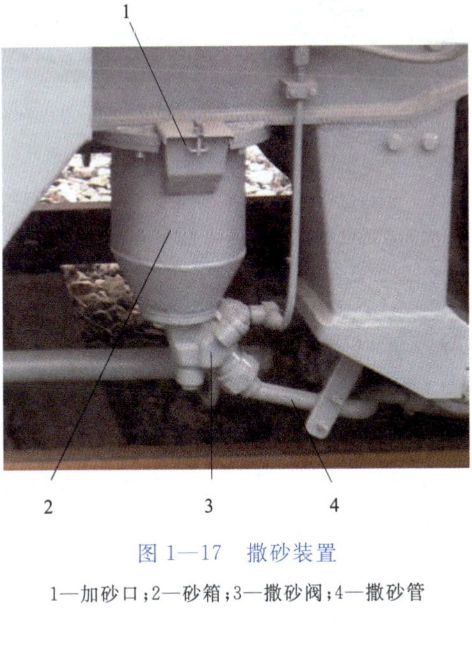

图 1—17 撒砂装置

1—加砂口;2—砂箱;3—撒砂阀;4—撒砂管

相关要求：

①砂箱应安装牢固，加砂口锁闭完好，无漏风现象。

②撒砂管底部距轨面高度不低于 25 mm。

4. 基础制动装置

基础制动装置是车辆制动系统的主要组成部分，是满足车辆紧急制动距离要求及确保行车安全的重要装置，如图 1—18 所示。

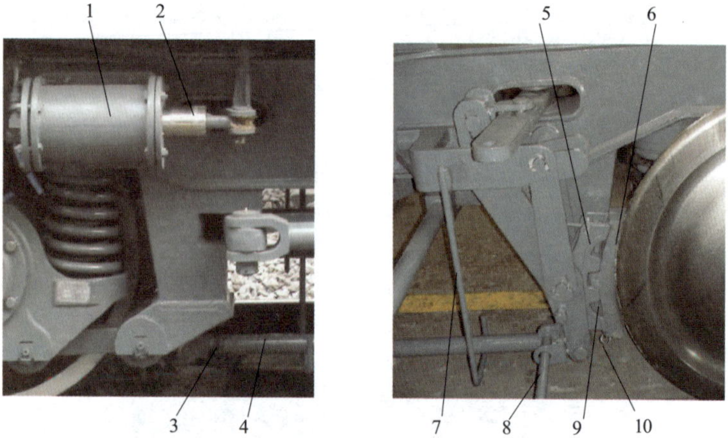

图 1—18　基础制动装置

1—制动缸；2—活塞杆(套)；3—锁紧螺母；4—闸瓦间隙调节杆；
5—闸瓦托；6—闸瓦；7—安全吊钩；8—横向调节拉杆；9—闸瓦钎；10—安全环

相关要求：

(1)闸瓦应安装牢固，无裂纹、严重偏磨。缓解后，稍加外力闸瓦应张开，闸瓦中部与车轮踏面的间隙应为 1～10 mm。

(2)高磷闸瓦厚度不小于 17 mm，合成闸瓦厚度不小于 14 mm，同轴闸瓦厚度差不大于 5 mm；当闸瓦磨耗超限时，应及时更换；不同材质的闸瓦不得混用。

(3)制动缸的活塞行程应为 70～120 mm(低摩合成闸瓦)或 35～70 mm(高摩合成闸瓦)。活塞行程超限时，可通过闸瓦间隙调节杆进行调节。

5. 牵引拉杆装置

牵引拉杆装置将转向架与车体连接在一起，并将转向架的制动力和牵引力传递给车体，如图 1—19 所示。

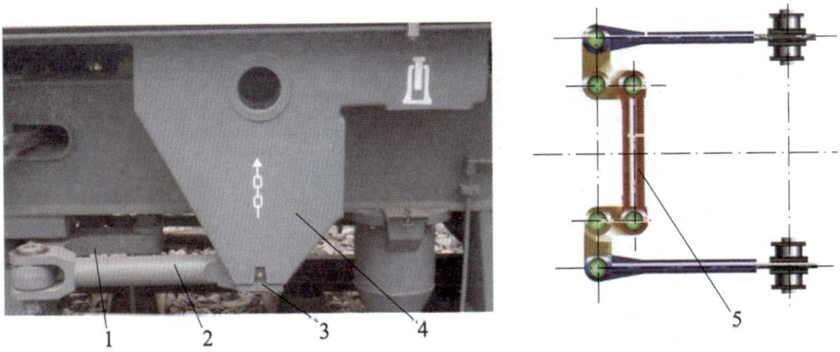

图 1—19　牵引拉杆装置

1—拐臂；2—牵引杆；3—黄油嘴；4—牵引座；5—连接杆

相关要求：

(1)牵引拉杆装置应无裂纹、开焊、变形，黄油嘴齐全、润滑良好。

(2)各黄油嘴定期加注润滑油(3 号锂基脂)。

6. 踏梯

踏梯安装于两侧车门下方，与扶手配合使用，方便乘务人员上、下车辆，如图 1—20 所示。

相关要求：

(1)踏梯应安装牢固，焊缝无开焊、裂纹。

(2)冬季应根据气温的变化对踏梯进行防滑处理。

图 1—20　踏梯

7. 燃油箱及蓄电池箱

(1)燃油箱

燃油箱安装在踏梯内侧,总容量为 760 L,如图 1—21 所示。燃油通过吸油管路经燃油粗滤器、精滤器进入发动机内部。

图 1—21 燃油箱

1—支架;2—油位传感器;3—透气孔盖;4—油位镜;5—箱体;6—燃油加注口盖

相关要求:

①燃油加注口盖、透气孔盖应锁闭完好。

②油位镜应清晰可见,启机前应检查燃油是否充足,不足时及时补充。

③燃油应使用符合《普通柴油》(GB/T 252)的轻柴油,根据环境温度选用适当牌号的柴油。

(2)蓄电池箱

蓄电池箱分上下两层,每层可安装两块蓄电池。蓄电池是车辆直流电气系统的主要电源。蓄电池箱及蓄电池如图 1—22 所示。

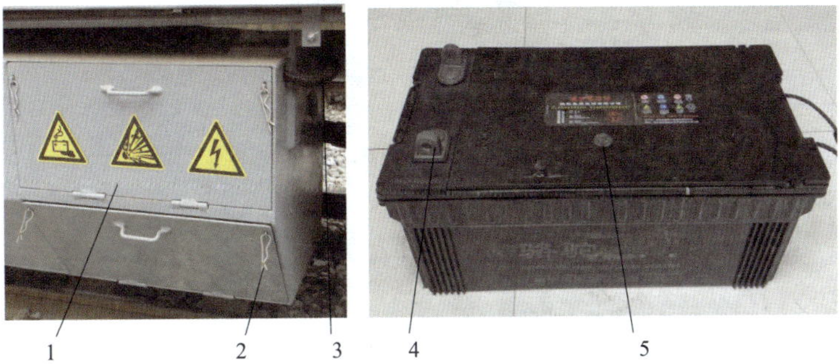

图 1—22　蓄电池箱及蓄电池

1—蓄电池箱柜门；2—β 销；3—搭铁线；4—接线柱；5—加液塞盖

相关要求：

①电解液高度应高出极板 10～15 mm，不足时及时补充。

②各单节应无泄漏，接线无氧化、腐蚀及松动现象。

②寒冷环境下应注意保温防冻。

③长期不使用时，应将蓄电池充足电后取下存放。

8. 制动阀件

车下的制动阀件主要包括中继阀、分配阀、作用阀和附属装置等。

(1)中继阀

车辆设有两套中继阀，分别安装于两端司机位车架下方，其作用是接受自阀的控制，根据均衡风缸的压力变化而动作，直接控制制动主管充风、排风和保压，如图 1—23 所示。

相关要求：

①中继阀应安装牢固无漏风，塞门位置正确。

②定期在试验台上进行校验。

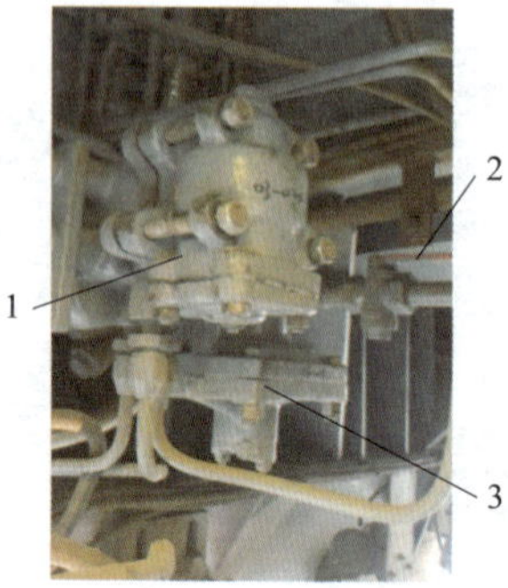

图 1—23　中继阀

1—总风遮断阀;2—中继阀塞门;3—双阀口式中继阀

(2)分配阀、作用阀和附属装置

分配阀、作用阀和附属装置安装于蓄电池箱和左三动轮之间,其中附属装置主要包括油水分离器、紧急降压风缸、工作作用风缸、分配阀截断塞门、作用阀截断塞门和无动力装置等,如图 1—24 所示。

图 1—24　分配阀、作用阀和附属装置

1—紧急降压风缸;2—作用阀;3—油水分离器;4—工作作用风缸;5—分配阀;6—无动力装置;7—分配阀截断塞门;8—作用阀截断塞门

相关要求：

①各风缸、阀件应安装牢固，塞门位置正确，无漏风现象。

②及时排放各风缸、油水分离器内部的油、水等杂质。

③无动力装置塞门（无火回送塞门）在车辆作本务机时应处于“自牵引位”，在无动力回送时应处于“无火位”。

④制动阀件应定期在试验台上进行校验。

9. 人力制动机

人力制动机主要用于对停放的车辆实施就地制动，防止溜逸，如图1—25所示。

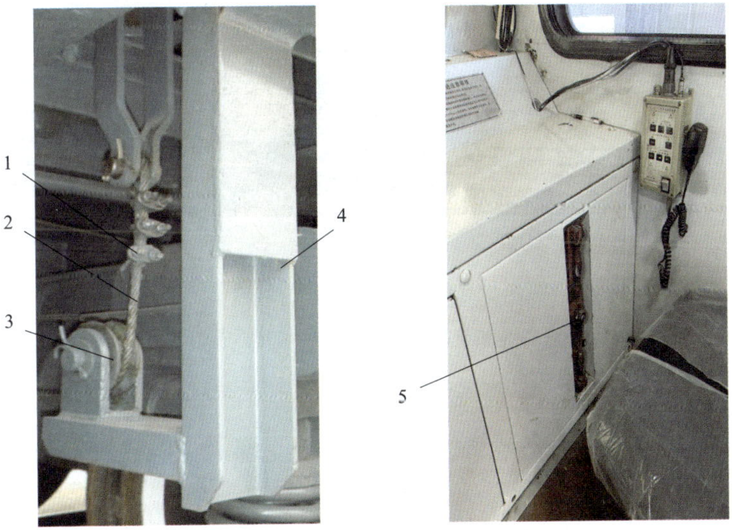

图1—25 人力制动机

1—绳卡；2—钢丝绳；3—滑轮；4—支架；5—摇把

相关要求：

(1)钢丝绳应无散股、断股现象，滑轮润滑良好。

(2)摇把应转动灵活无卡滞现象。

(三)车辆右侧

车辆右侧,如图 1—26 所示。

图 1—26　车辆右侧

1—发电机组;2—消音器总成;3—空气滤清器

1. 发电机组

发电机组为车辆交流用电设备提供电源,如图 1—27 所示。

相关要求:

(1)发电机组应安装牢固,柜门锁闭良好。

(2)机油油位符合标准(机油尺上、下刻度线之间),且各部应无漏油、漏水、漏电现象。

2. 消音器总成

消音器总成的主要作用是降低发动机排气的噪声,并使高温废气能安全有效的排放,如图 1－28 所示。

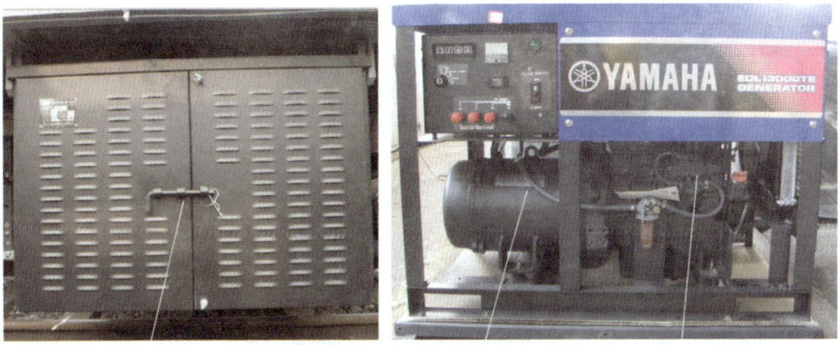

图 1—27　发电机组

1—发电机组柜；2—发电机；3—发动机

图 1—28　消音器总成

1—隔热板；2—消音器；3—支架；4—波纹管

相关要求：

(1)消音器、隔热板应安装牢固，作用良好。

(2)消音器、波纹管应无破损、裂纹。

3. 空气滤清器

空气滤清器是发动机进气系统的重要组成部分，如图 1—29 所示，其作用是滤除空气中的灰尘、砂粒等杂质，保证发动机用风的清洁。

图 1—29　空气滤清器

1—壳体；2—滤芯；3—排污口

相关要求：

(1)空气滤清器各卡箍应紧固无断裂，各接头无漏风现象。

(2)定期检查滤芯状态，及时清洁或更换。

(四)车辆底部

车辆底部，布置如图 1—30 所示。

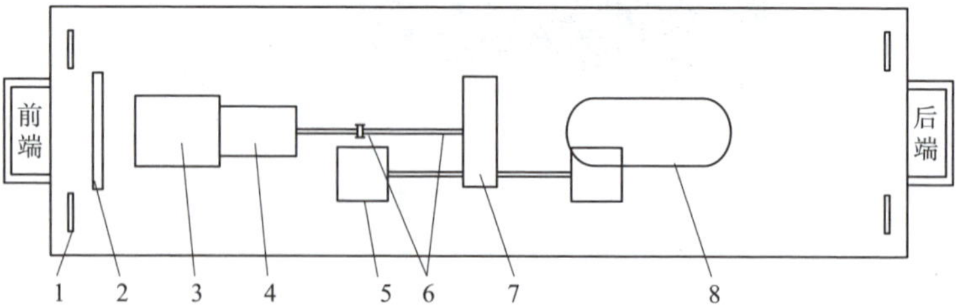

图 1—30　车辆底部布置示意

1—机车信号接收线圈；2—散热水箱；3—发动机；4—变速箱；5—车轴齿轮箱；6—传动轴及固定轴；7—换向分动箱；8—总风缸

1. 机车信号接收线圈

机车信号接收线圈安装在两端排障器后的左右两侧，如图1—31所示，用于接收地面信号并传递给GYK主机。

图1—31　机车信号接收线圈

1—防脱钢丝绳；2—支架；3—调整板；4—机车信号接收线圈

相关要求：

(1)安装支架、调整板应安装牢固、无裂纹。

(2)机车信号接收线圈底面距钢轨水平面的高度应为(155±5）mm。

(3)防脱钢丝绳无断股、损伤，安装状态良好。

2. 散热水箱底部

散热水箱底部，如图1—32所示。

相关要求：

散热水箱底部应安装牢固，放水螺堵无滴漏。

3. 发动机底部

发动机底部，如图1—33所示。

相关要求：

发动机油底壳应无漏油，冷却系统各管路应无漏水，如有滴漏应及时检查处理。

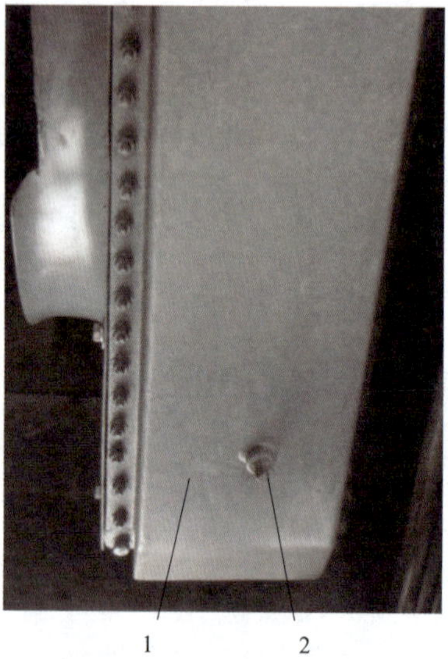

图 1—32　散热水箱底部

1—散热水箱;2—放水螺堵

图 1—33　发动机底部

1—油底壳;2—放油螺堵

4. 变速箱底部

变速箱底部，如图 1—34 所示。

图 1—34　变速箱底部

1—油位螺堵；2—放油螺堵

相关要求：

(1)变速箱底部应无漏油，油位符合标准(松开油位螺堵有油流出即可)，不足时及时补充。

(2)运行过程中，变速箱允许最高温度为 120 ℃。

5. 车轴齿轮箱

车轴齿轮箱是整个传动系统中的最后部分，如图 1—35 所示，它的作用是传递和增大到车轮的扭矩，并将动力传递方向改变 90°。

相关要求：

(1)油位应符合要求。

①带油位螺栓的车轴齿轮箱：油位应位于上、下油位螺栓之间，如图 1—35(a)所示。当下油位螺栓孔无润滑油时应及时添加。

②带油位镜的车轴齿轮箱：油位应位于油位镜中部，如图 1—35(b)所示。当油位低于油位镜最低点时应及时添加。

图 1—35 车轴齿轮箱

1—悬挂弹簧;2—上油位螺栓;3—下油位螺栓;4—油位镜

(2)运行过程中,车轴齿轮箱温升不超过 50 K,最高温度不超过 85 ℃。

6. 传动轴及固定轴

传动轴及固定轴,如图 1—36 所示。传动轴的作用是连接变速箱、车轴齿轮箱、换向分动箱等传动部件并进行动力传递。固定轴的作用是减小传动轴夹角,实现前、后两根传动轴间的动力传递。

图 1—36 传动轴及固定轴

1—万向节;2—传动轴;3—安全托架;4—固定轴

相关要求：

(1)传动轴应无裂纹、弯曲、变形，平衡块无脱落。

(2)定期补充传动轴、固定轴润滑脂。

(3)运行过程中，固定轴温升不得超过 55 K，最高温度不超过 90 ℃。

7. 换向分动箱

换向分动箱的功能是改变车辆的行驶方向，并将动力传递至前、后两个车轴齿轮箱，如图 1—37 所示。

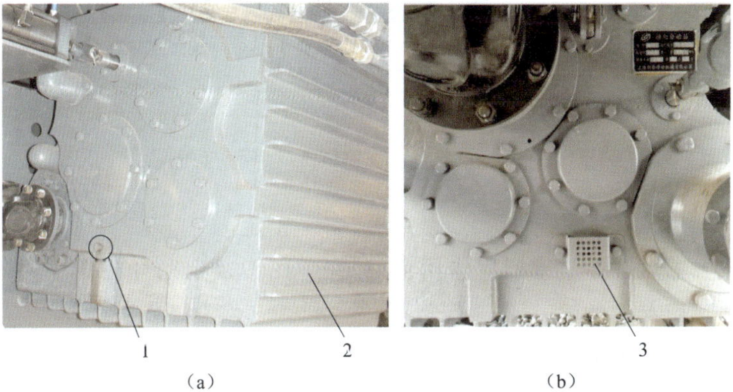

图 1—37 换向分动箱

1—油位螺栓；2—箱体；3—油位镜及防护网

相关要求：

(1)油位应符合要求。

①带油位螺栓的换向分动箱：松开油位螺栓应有油流出，如图 1—37(a)所示。当油位螺栓孔处无润滑油时应及时添加。

②带油位镜的换向分动箱：油位应位于油位镜中部，如图 1—37(b)所示。当油位低于油位镜最低点时应及时添加。

(2)运行过程中，换向分动箱温升不超过 60 K，最高温度不超过 85 ℃。

8. 总风缸

总风缸用于储存空压机产生的高压空气,供整个空气制动系统使用,如图 1—38 所示。

图 1—38　总风缸

1—排水塞门;2—总风缸缸体;3—安全吊带

相关要求:

总风缸排水塞门应作用良好,在运用中须定期开放排水塞门排除积存的油水。

(五)车辆上部

车辆上部布置如图 1—39 所示。

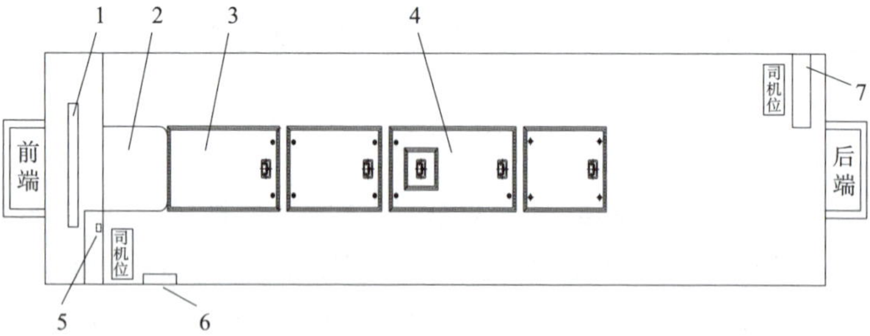

图 1—39　车辆上部布置示意

1—散热水箱;2—发动机引擎罩;3—变速箱活动地板;4—换向分动箱活动地板;5—电空阀;6—电源总开关和电气控制柜;7—Ⅱ端操作台

1. 散热水箱

散热水箱如图 1—40 所示。

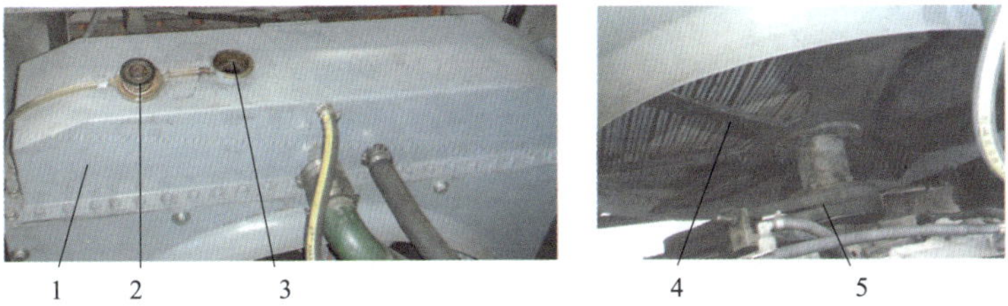

图 1—40　散热水箱

1—膨胀水箱；2—加水口盖；3—加水口；4—散热风扇；5—风扇皮带

相关要求：

(1)散热水箱水位应位于膨胀水箱高度的 1/3～2/3，不足时补充。

(2)散热风扇皮带挠度应符合要求(用 20～50 N 的力下压，其挠度为 10～20 mm)，不符时进行调整。

2. 发动机

发动机采用康明斯 NTA855-C360 型柴油发动机，额定功率 269 kW，如图 1—41 所示。

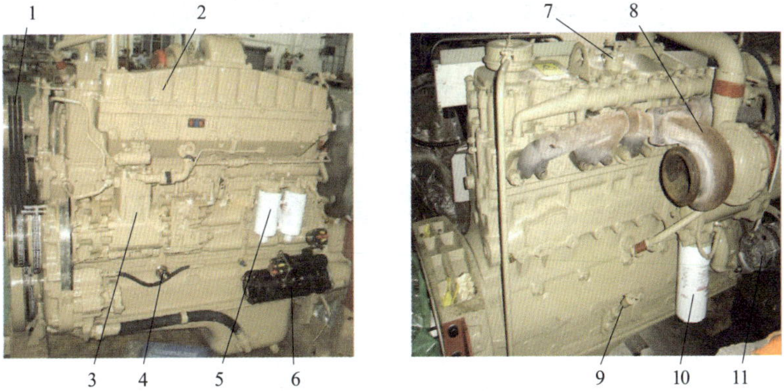

图 1—41　康明斯发动机

1—带轮；2—中冷器；3— PT 泵；4—机油压力传感器；5—燃油精滤器；6—起动电机；7—机油加注口；8—涡轮增压器；9—机油尺；10—机油滤清器；11—充电发电机

相关要求：

(1)机油油位应符合标准(机油尺上、下刻度线之间)，不足时及时补充。

(2)发电机皮带挠度应符合要求(用 20～50 N 的力下压，其挠度为 10～20 mm)，不符时进行调整。

(3)风扇带轮应定期拆下清洗，重新加入润滑脂。

3. 变速箱

变速箱采用富勒 RT-11509C 型变速箱，如图 1—42 所示。

图 1—42　富勒变速箱

1—排挡盒；2—空挡开关；3—低挡开关；4—双 H 阀；5—倒挡开关；6—插接件；7—变速箱塞门

相关要求：

(1)双 H 阀、塞门应作用良好，无漏风。

(2)各开关、插接件应接线良好,无松脱、虚接。

4. 换向分动箱

换向分动箱,如图 1—43 所示。

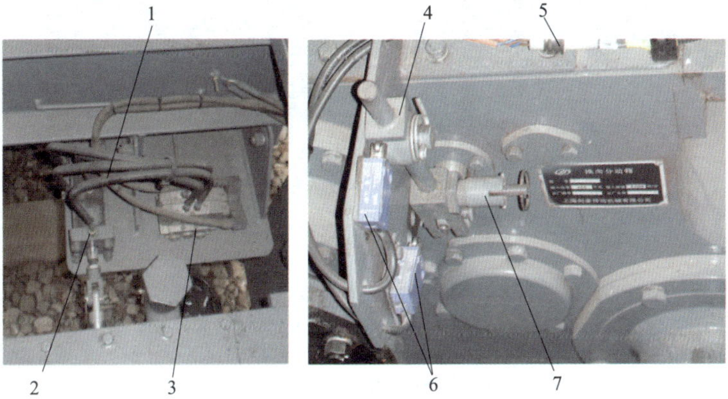

图 1—43 换向分动箱

1—风管路;2—换向气缸;3—电空阀;4—转臂;5—插接件;6—行程开关;7—机械锁定销

换向分动箱采用"电控气动"的控制方式,通过操作换向开关使电空阀得电,总风经电空阀进入换向气缸,换向气缸带动换向滑杆移动。

相关要求:

(1)各管路应密封良好无漏风。

(2)插接件应连接可靠,无松脱、虚接。

(3)行程开关应安装牢固,无卡滞、损坏。

5. 侧风门、百叶窗和电空阀

侧风门、百叶窗采用"电控气动"的控制方式,通过操作两端的翘板开关来控制电空阀完成侧风门和百叶窗的开启与关闭。电空阀安装于Ⅰ位端操作台下方离合器踏板右侧,常用的型号有 2622B 型和 MFH-5 型两种,如图 1—44 所示。

相关要求:

翘板开关、电空阀应接线良好,气管路各接头应密封良好、无破损。

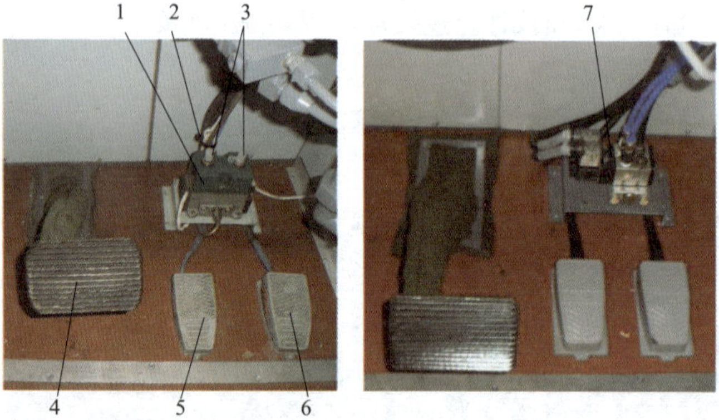

图 1—44 电空阀

1—2622B 型电空阀;2—插接件;3—气动按钮;4—Ⅰ位端离合器踏板;5—撒砂开关;6—风笛开关;7—MFH-5 型电空阀

6. 电源总开关和电气控制柜

在Ⅰ位端主司机位安装有电源总开关及电气控制柜,如图 1—45 所示。

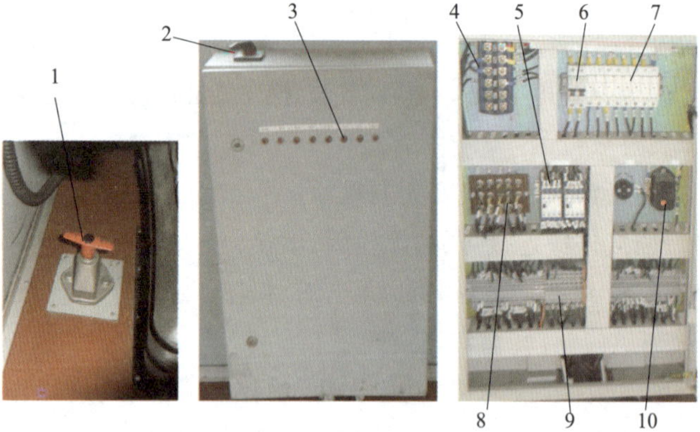

图 1—45 电源总开关和电气控制柜

1—电源总开关;2—电源转换开关;3—熔断器指示灯;4—电源转换开关触点;5—继电器;6—断路器;7—熔断器;8—二极管板;9—接线端子;10—启动继电器

相关要求:

(1)各电气元件应安装牢固、标识清晰,接线紧固无松动。

(2)电气线路应布置整齐、包扎牢固。

7. 操作台

操作台按照制动机等主要部件安装方式分为嵌入式和台面式两种,如图1—46、图1—47所示。车辆两端操作台的布置基本一致。

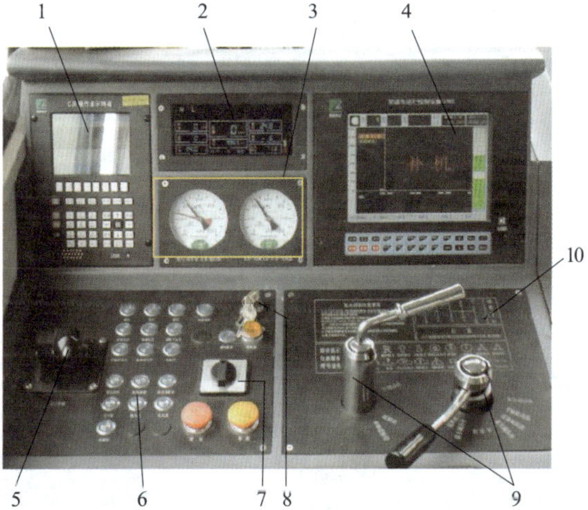

图1—46　嵌入式操作台布置

1—CIR操作显示终端;2—综合显示屏;3—制动风表;4—GYK人机界面单元;5—油门手柄;6—按钮开关组;7—换向开关;8—点火开关;9—制动机;10—闸面板

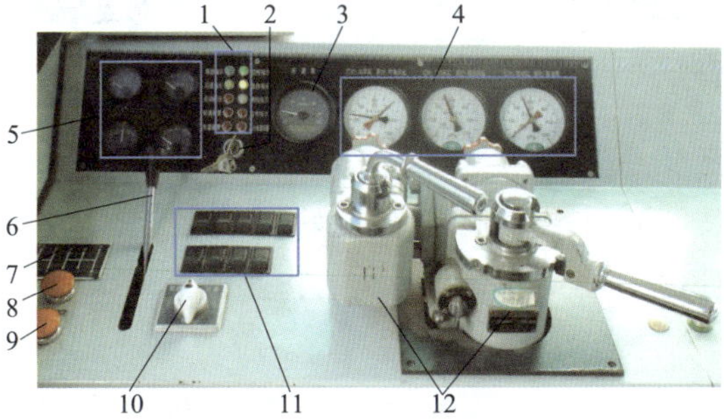

图1—47　台面式操作台布置

1—指示灯区;2—点火开关;3—转速表;4—制动风表;5—仪表区;6—油门手柄;7—挡位标牌;8—警惕按钮;9—警醒按钮;10—换向开关;11—翘板开关;12—制动机

相关要求：

(1)各电气元件应安装牢固、动作灵活，接线紧固无松动。

(2)各仪表、开关、指示灯、显示屏标识应清晰，作用良好。

(3)制动阀件、风表应定期进行校验。

(4)油门手柄应操作灵活，拉线无卡滞。

(六)JW-4 型车与 GC-270 型车的区别

1. 车辆左侧

JW-4 型车在车架下方左、右两侧均设有两个抓轨器，如图 1—48 所示。当有 6 级以上大风或曲线外轨超高 100 mm 及以上施工作业时，应使用抓轨器以保障作业的安全。

图 1—48　抓轨器

1—锁定销；2—吊杆；3—夹轨钳

相关要求：

(1)抓轨器应安装牢固、锁定良好。

(2)使用抓轨器时车辆不得走行作业。

2. 车辆右侧

JW-4 型车的总风缸安装于车辆右侧中部，图式和相关要求同 GC-270 型车。

3. 车辆上部

JW-4 型车车辆上部布置如图 1—49 所示，发电机组安装于车辆上部人力制动机旁。

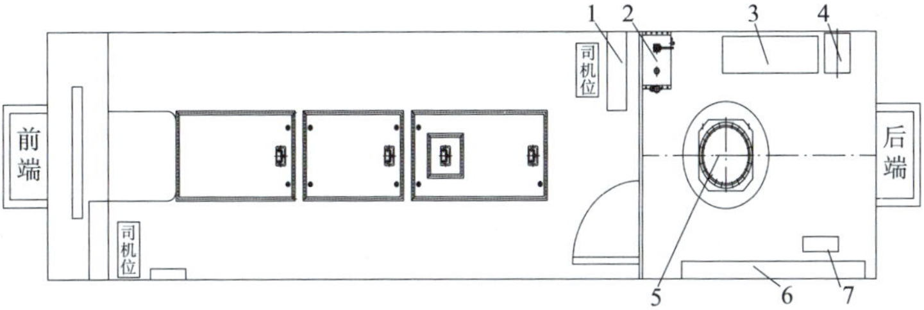

图 1—49　车辆上部布置示意

1—操作台；2—液压油箱；3—发电机组；4—人力制动机；
5—作业平台；6—随车起重机；7—平台控制箱

(1)操作台

JW-4 型车相对 GC-270 型车在“点火开关”旁增设“取力开关”，用于控制液压系统作业油泵的工作；在“换向开关”旁增设有“旁路制动”或“辅助制动”按钮，用于车辆低速作业走行时的制动，如图 1—50 所示。操作台相关要求同 GC-270 型车。

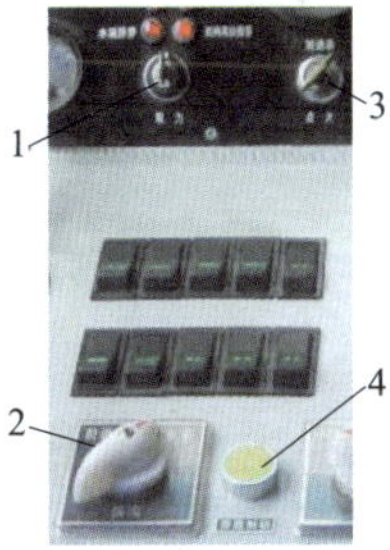

图 1—50　操作台布置

1—取力开关；2—换向开关；3—点火开关；4—辅助(旁路)制动按钮

(2)液压油箱

液压油箱为液压系统提供工作介质，如图 1—51 所示。

相关要求：

①液压油油位应符合标准(油位镜最高油位线与最低油位线

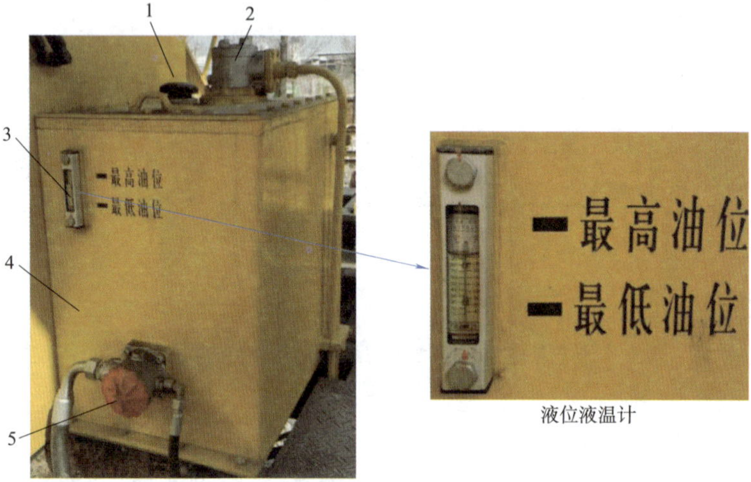

图 1—51　液压油箱

1—透气孔;2—回油滤清器;3—液位液温计;4—箱体;5—吸油滤清器

之间),油质良好。

②根据环境温度选用合适的液压油,不同牌号的液压油不得混用。

(3)发电机组

发电机组如图 1—52 所示,相关要求同 GC-270 型车。

图 1—52　发电机组

(4)人力制动机

人力制动机如图 1—53 所示,相关要求同 GC-270 型车。

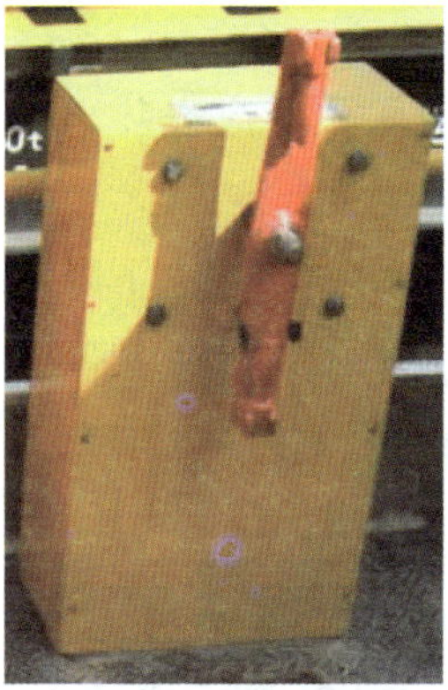

图 1—53　人力制动机

(5)作业平台

作业平台用于电气化区段接触网设备的施工作业，主要由底座、立柱及升降机构、回转驱动装置、拨线装置、导线支撑装置等组成，如图 1—54 所示。

图 1—54　作业平台

1—拨线装置；2—立柱及升降机构；3—底座；
4—回转驱动装置；5—作业平台；6—导线支撑装置

相关要求:

①升降梯、制动带、限位器应安装牢固,作用良好,作业完毕后平台应回至中位并落至最低位。

②回转马达应无泄漏现象,应急下降开关位置正确。

(6)随车起重机

JW-4 型车可选装起重量为 2 t 的全液压伸缩臂式随车起重机,如图 1—55 所示,主要用于作业现场各种工具和器材的吊装。

图 1—55　随车起重机

相关要求:

①钢丝绳应无散股、断股和严重锈蚀等现象。

②各部紧固件无松动,吊钩应锁定良好。

(7)平台控制箱

作业平台设有两套控制装置,一套在平台上,一套在平台下,如图 1—56 所示,施工作业人员可根据需要自行选择。

相关要求:

各开关位置正确,作用良好。

(a) 平台下　　(b) 平台上

图 1—56　平台控制箱

第二节　液力传动轨道作业车

一、主要性能特点

GCY-300Ⅱ型和 JW-4G 型车是新一代标准化的轨道作业车，采用模块化设计、标准化的操作台、标准化的车体造型、标准化的底盘等，最高运行速度 120 km/h。动力及传动系统采用潍柴 WP12.480 型柴油发动机配套福伊特 T211 型液力传动箱；制动系统采用 JZ-7G 型空气制动机；车体两端设有 13B 型上作用式缓冲车钩。整车具有功率大、牵引能力强、制动性能可靠、操纵轻便灵活、维护方便、使用寿命长、运行稳定性和平稳性好等优点。

二、车辆构成

GCY-300Ⅱ型和 JW-4G 型车的外形如图 1—57 所示，主要由动力及传动系统、走行系统、电气系统、制动系统、液压系统、作业机构等组成。两种车型除作业机构有所不同外，其他主要总成部件基本相同。

(一)动力及传动系统

动力及传动系统主要由发动机、液力传动箱、传动轴、分动齿轮箱和车轴齿轮箱等组成，如图 1—58 所示。布置方式为下悬式，有效地提高了车上的使用空间。

(a) GCY-300Ⅱ型

(b) JW-4G型

图 1—57　液力传动轨道作业车

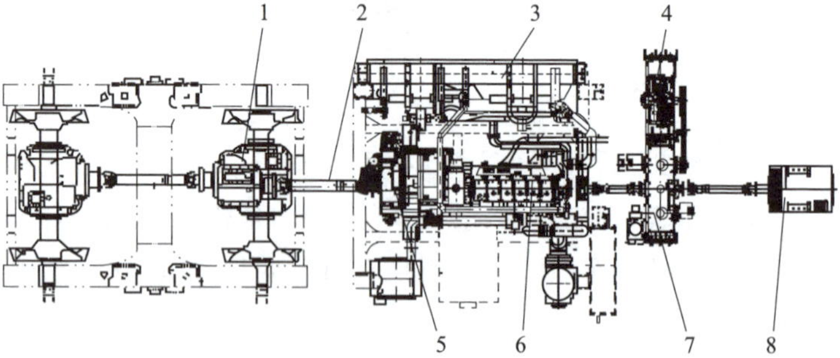

图 1—58　动力及传动系统示意

1—车轴齿轮箱;2—传动轴;3—散热器总成;4—空压机;5—液力传动箱;6—发动机;7—分动齿轮箱;8—75 kW 发电机(JW-4G 型车无)

（二）走行系统

走行系统主要由两台两轴焊接转向架组成，其中一个为动力转向架，一个为非动力转向架。

（三）电气系统

电气系统主要由直流系统和交流系统组成。直流系统由蓄电池、充电发电机、启动机、操纵台、照明、雨刮器等组成；交流系统主要由柴油发电机组、75 kW 发电机（JW-4G 型车无）、空调、电取暖器等组成。

（四）制动系统

制动系统主要由空气制动、基础制动、人力制动机和撒砂装置组成。空气制动系统由空压机、空气净化及辅助装置、JZ-7G 型空气制动机、旁路制动装置等组成；基础制动装置由制动缸所驱动的杠杆装置和闸瓦等组成；撒砂装置由撒砂电控阀、控制管路、砂箱、撒砂管等组成；人力制动机采用 NSW 型，由手轮、链条、链轮、拉杆等组成。

（五）液压系统

液压系统主要由散热液压系统和作业液压系统两部分组成。散热液压系统为发动机冷却液及进气系统、液力传动箱液力油及液压油的散热提供动力；作业液压系统为作业机构的工作提供动力。

（六）作业机构

GCY-300Ⅱ型车的作业机构主要由随车起重机、液压支腿组成，用于材料和机具的装卸作业。

JW-4G 型车的作业机构主要由作业平台（含调平装置）、液压支腿、随车起重机等组成，用于电气化区段接触网设施的安装、维修和日常检查、保养。

三、车辆构造详解与相关要求

该部分以 GCY-300Ⅱ型车为主，重点介绍液力传动轨道作业车与机械传动轨道作业车的区别点,相同点不再赘述。

(一)车辆前端(Ⅱ位端)

车辆前端设置了重联插座、发电机交流输出插座和发电机组交流输出插座,如图1—59所示。重联插座即重联线的接口,用于实现两台同型号轨道作业车的双机重联;发电机交流输出插座即75 kW发电机对外供电的接口;发电机组交流输出插座即柴油发电机组对外供电的接口。

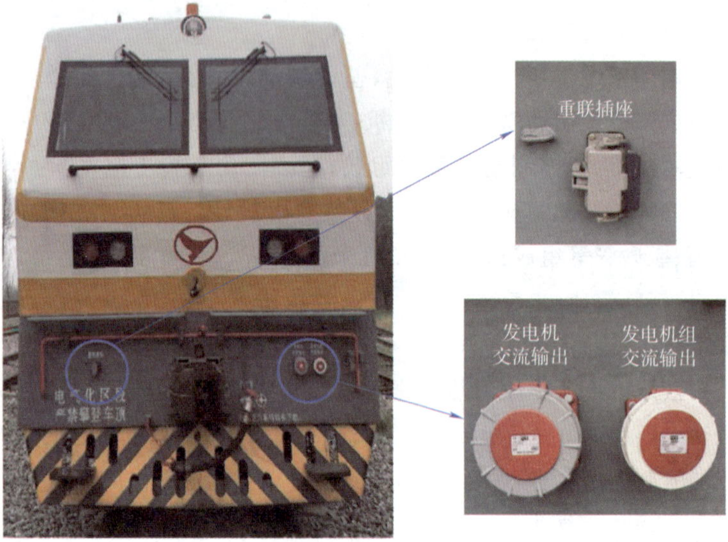

图1—59 车辆前端

相关要求:

重联插座、发电机交流输出插座和发电机组交流输出插座应锁闭完好,内部无烧损。

(二)车辆左侧

车辆左侧如图1—60所示。

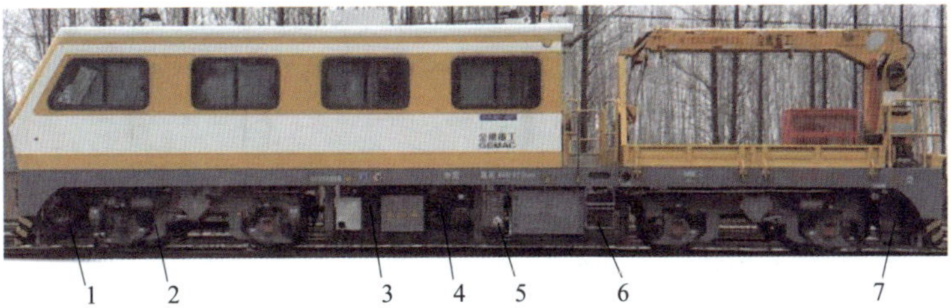

图 1—60　车辆左侧

1—空气干燥器；2—转向架总成；3—液力传动箱；4—发动机；5—液压油箱；6—踏梯；7—液压支腿

1. 空气干燥器

空气干燥器安装在前端裙板内侧，其作用是滤除压缩空气中的油、水和尘埃等杂质，保证空气制动系统风源的清洁。车辆正常运行时，空气干燥器的进风、出风塞门应处于开启状态，旁通塞门关闭；当空气干燥器发生故障时，应关闭进风、出风塞门，打开旁通塞门，将空气干燥器隔离，以保证压缩空气的正常供给，如图 1—61 所示。

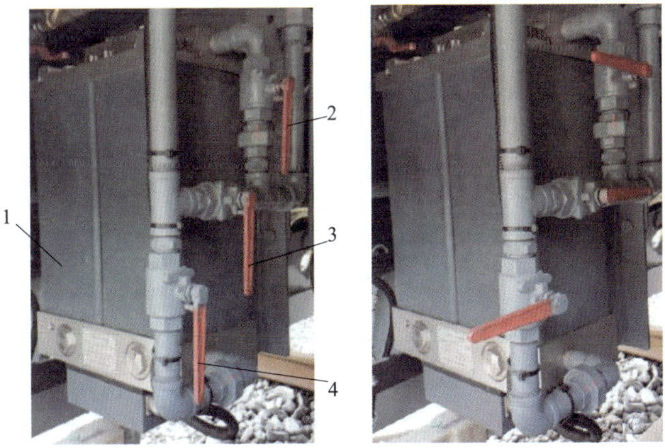

（a）正常工作状态　　（b）故障隔离状态

图 1—61　空气干燥器

1—干燥器；2—出风塞门；3—旁通塞门；4—进风塞门

相关要求：

(1)空气干燥器应安装牢固、接线良好,各塞门位置正确,无漏风现象。

(2)定期检查干燥剂的状态,必要时进行更换。

2. 转向架总成

转向架总成如图 1—62 所示。

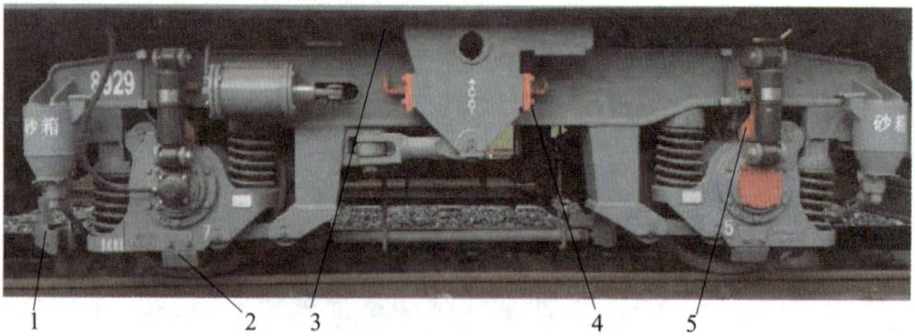

图 1—62　转向架总成

1—排障板;2—防倾覆装置;3—旁承装置;4—安全连接装置;5—起吊挂板

(1)排障板

该车取消了排障器下方的扫石器,在转向架的车轮前方增设了排障板,如图 1—63 所示。排障板与扫石器的功能相似,用于清除轨道上的障碍物,保证车辆的安全运行。

相关要求：

①橡胶管下缘距轨面高度为 20～25 mm。

②橡胶管经常与钢轨及钢轨上杂物接触,磨损较快,应根据需要及时调整高度或更换。

(2)防倾覆装置

每个轴箱下部均设有防倾覆装置,如图 1—64 所示,防止车辆低速掉道后脱离线路发生倾覆侧翻事故。

相关要求：

防倾覆装置应安装牢固、无裂纹。

图 1—63 排障板

1—支架；2—橡胶管；3—调节板

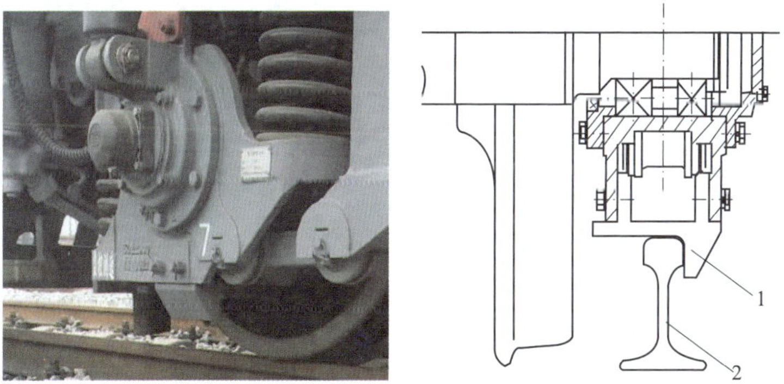

(a) 正常运行状态 (b) 脱线掉道状态示意

图 1—64 防倾覆装置

1—勾板；2—钢轨

(3)旁承装置

旁承装置如图 1—65 所示。

该车采用了四点支承的橡胶堆旁承，用于传递车体上部的静载荷、动载荷以及车体与转向架的横向载荷。同时在旁承装置中还设置了两个横向液压减振器,用于抑制车辆在直线上运行的横向振动和蛇行运动。

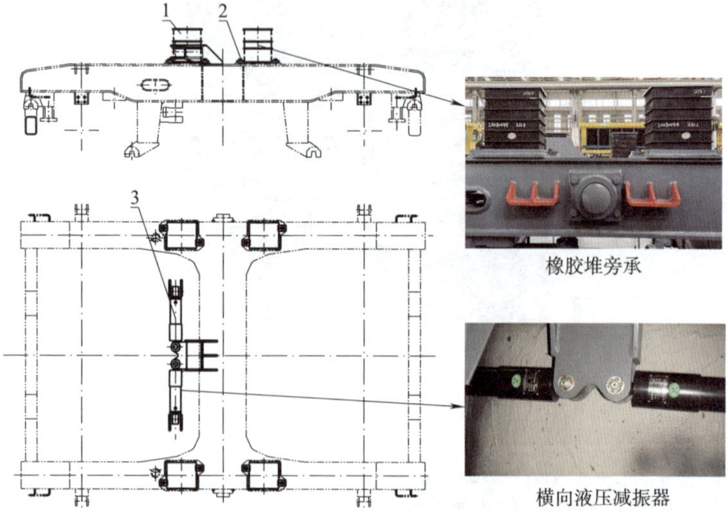

图 1—65　旁承装置示意

1—橡胶堆旁承;2—压板;3—横向液压减振器

相关要求:

①橡胶堆旁承应无老化、裂纹。

②横向液压减振器应安装牢固,无渗漏油现象。

(4)安全连接装置

安全连接装置将转向架与车体连接在一起,在整车吊装或起复时无需捆扎,如图 1—66 所示。

相关要求:

安全连接装置应安装牢固、无裂纹。

(5)起吊挂板

起吊挂板如图 1—67 所示。

起吊挂板将轴箱与转向架构架连接在一起,实现轮对、轴箱的无捆绑起复。同时为了提高起复效率，可以在挂勾上增加起复用垫块，以减少复轨器的行程。

相关要求：

起吊挂板应安装牢固、无裂纹。

图 1—66　安全连接装置

1—挂板座；2—挂板

图 1—67　起吊挂板

1—挂勾；2—起吊挂板

3. 液力传动箱

该车采用福伊特 T211 型卧式液力传动箱，如图 1—68 所示。该传动箱采用双循环圆结构，液力换挡并带有惰性润滑系统，长距离无火回送时不需拆卸传动轴。

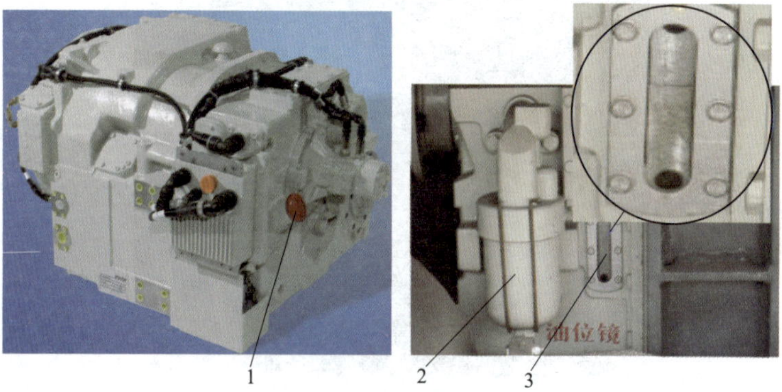

图 1—68　液力传动箱

1—加油口；2—滤芯；3—油位镜

相关要求：

(1)液力传动箱应安装牢固，各部无渗油现象。

(2)液力油油位应符合标准(油位镜上、下刻度线之间)，不足时应及时补充。

4. 发动机

该车采用潍柴 WP12.480 型电喷水冷柴油发动机，额定功率 353 kW，如图 1—69 所示。

相关要求：

(1)发动机各部应无渗油现象。

(2)发电机皮带挠度应符合要求(用 20～50 N 的力下压，其挠度为 10～20 mm)，不符时进行调整。

(3)发动机上各插接件、各接线应紧固无虚接。

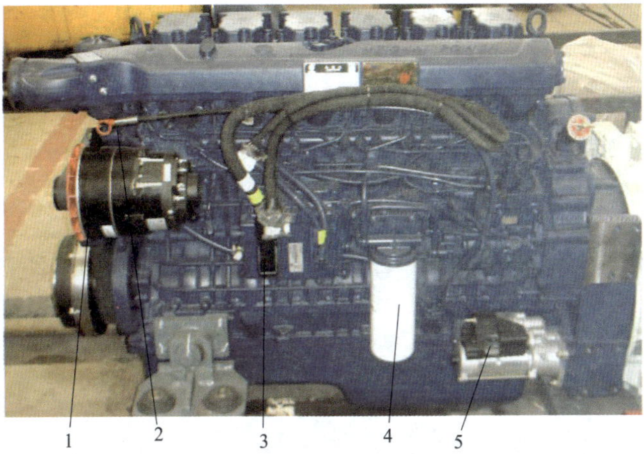

图 1—69 发动机

1—充电发电机;2—机油尺;3—ECU 插接件;4—机油滤芯;5—起动机

5. 液压油箱

液压油箱为液压系统提供工作介质,安装在车辆中部(发电机组左侧),如图 1—70 所示。

相关要求:

(1)液压油油位应符合标准(油位镜最高油位线与最低油位线之间),油质良好。

(2)根据环境温度选用合适的液压油,不同牌号的液压油不得混用。

图 1—70 液压油箱

1—油位镜;2—加油口

6. 踏梯

踏梯安装在车架中部左右两侧,采用可翻转的结构,便于乘务人员上、下车辆，如图 1—71 所示。

相关要求：

(1)踏梯应在车辆静态时翻下，车辆运行时须收起，防止超限。

(2)复位后，翻转踏梯须用锁定销锁定牢靠。

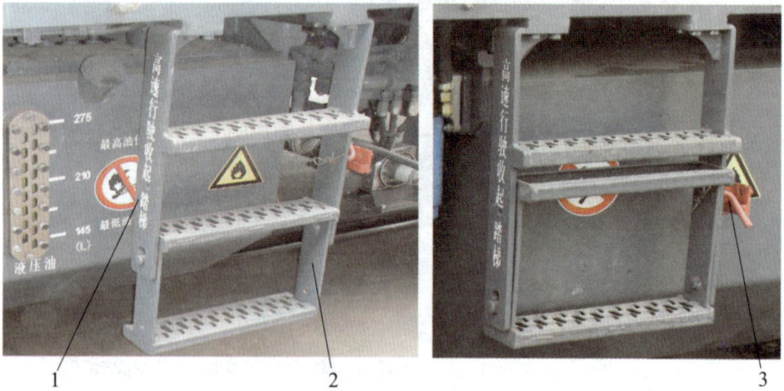

(a) 解锁状态　　(b) 锁定状态

图 1—71　踏梯

1—固定踏梯；2—翻转踏梯；3—锁定销

7. 液压支腿

车辆设有两个可伸缩的液压支腿，分别安装在车辆后端裙板内侧，用于保证吊重作业的安全性，防止车辆倾覆，如图 1—72 所示。

相关要求：

(1)液压支腿安装牢固、无漏油，润滑良好。

(2)液压支腿使用前须先解锁；高速运行前须收回并锁定牢靠。

(三)车辆后端(Ⅰ位端)

车辆后端相对前端增设了液压工具接口，如图 1—73 所示，为现场液压工具的使用提供动力。

相关要求：

液压工具接口应密封良好，无渗漏油现象。

图 1—72　液压支腿

1—接近开关;2—黄油嘴;3—支腿外套;4—锁定机构;5—滚轮

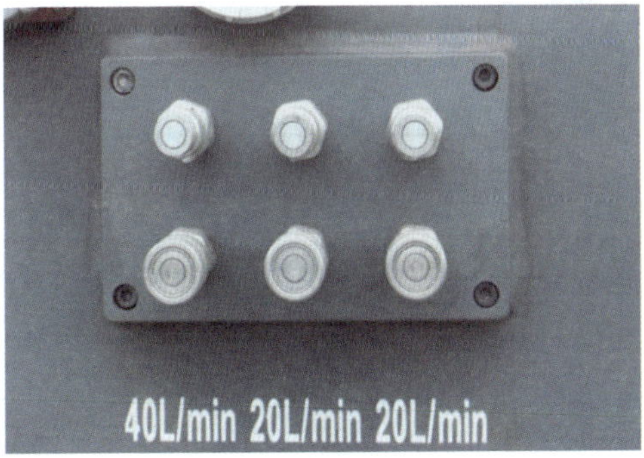

图 1—73　液压工具接口

(四)车辆右侧

车辆右侧如图 1—74 所示。

车辆右侧设置了散热器总成,安装于车辆中部空压机右侧,如图 1—74 所示。

图 1—74　车辆右侧

1—空压机;2—散热器总成

散热器总成由液压马达驱动,为发动机冷却液、进气系统、液力传动箱液力油及液压油进行散热,其外形如图 1—75 所示。

图 1—75　散热器总成

1—防护网;2—支架

相关要求:

(1)散热器总成应安装牢固,各处无滴漏现象。

(2)防护网应清洁无异物,若有异物应及时清理。

（五）车辆底部

车架中部下方设有分动齿轮箱，其作用是通过输入轴将发动机的动力传递给空压机、散热油泵、作业油泵和 75 kW 发电机，如图 1—76 所示。

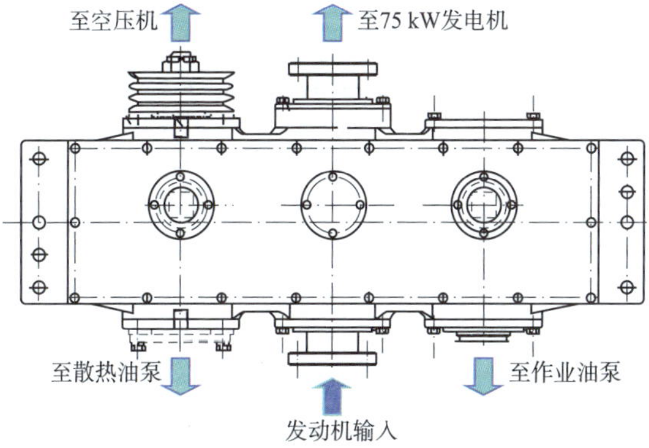

图 1—76　分动齿轮箱示意

相关要求：

(1)分动齿轮箱应安装牢固，无渗漏油现象。

(2)油位应符合标准（位于油位镜中部），如图 1—77 所示，不足时及时补充。

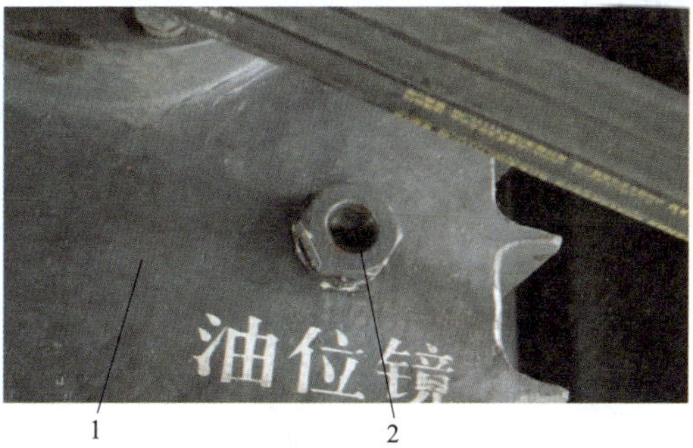

图 1—77　分动齿轮箱

1—箱体；2—油位镜

(六)车辆上部

车辆上部布置如图 1—78 所示。

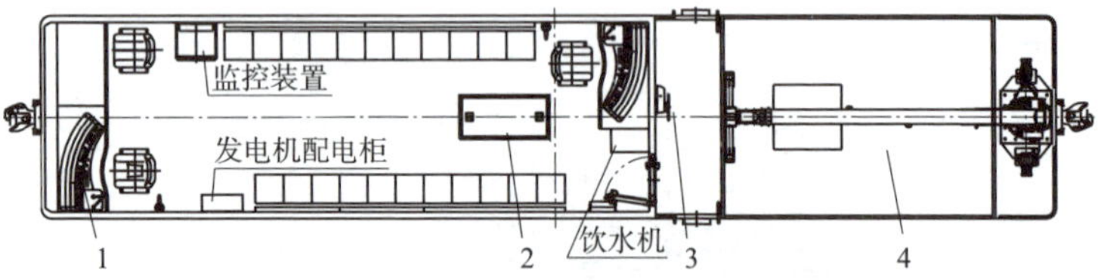

图 1—78　车辆上部布置示意

1—操作台;2—检查盖板;3—人力制动机;4—载料平台及随车起重机

1. 操作台

两端操作台的布置基本一致,如图 1—79 所示。

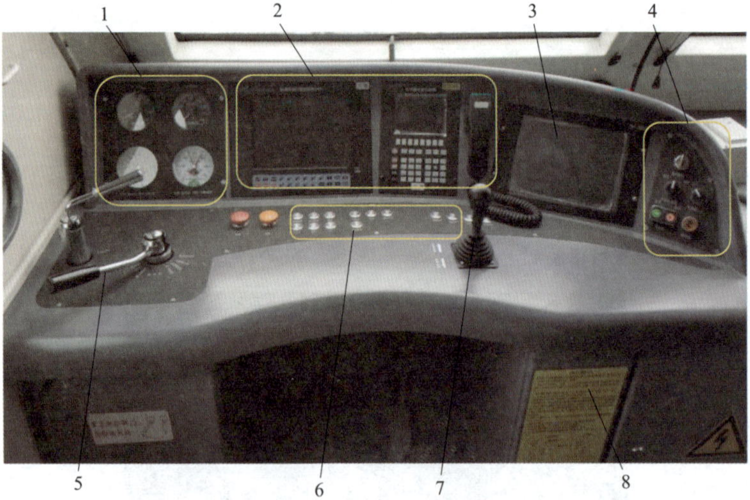

图 1—79　操作台布置

1—仪表区;2—行车安全设备;3—液晶显示屏;

4—开关区;5—JZ-7G 制动机;6—按钮区;7—司机控制器;8—柜门

(1)仪表区

仪表区包括发动机转速表、车速里程表和两块风表,如图1—80所示。

图 1—80　仪表区

①发动机转速表、车速里程表:当控制系统出现故障或液晶显示屏黑屏,在“走行应急模式”下进行应急显示。

②两块风表:左边为制动管、制动缸压力表;右边为总风缸、均衡风缸压力表。

(2)行车安全设备

行车安全设备包括 GYK 操作显示终端、CIR 操作显示终端和受话器。

(3)液晶显示屏

液晶显示屏实时显示发动机、液力传动箱和整车的各种运行参数,如发动机转速、液力传动箱油温、车速、直流系统电压、直流系统电流、燃油箱油位等,如图 1—81 所示。

图 1—81 液晶显示屏

(4)开关区

开关区包括本端操作开关、控制车选择开关、发动机启停开关、变速箱工作开关和蜂鸣器,如图 1—82 所示。

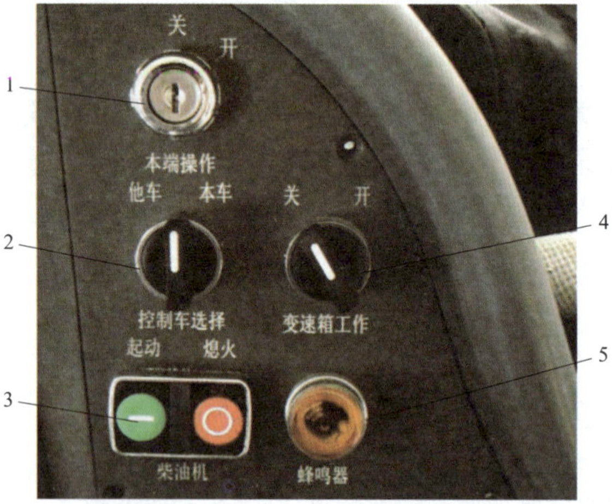

图 1—82 开关区布置

1—本端操作开关;2—控制车选择开关;

3—发动机启停开关;4—变速箱工作开关;5—蜂鸣器

(5)JZ-7G 型制动机

该制动机和 JZ-7 型制动机的组成和操作一致。

(6)按钮区

按钮区采用虹波开关，较 GC-270 型车增设了“车辆制动”“旁通按钮”和“雨刮器喷水”等功能。

(7)司机控制器

司机控制器用于发动机的调速和液力传动箱的换向。

(8)柜门

Ⅱ端柜门内部布置有主车显示器 U 口、警灯开关、发电机摘挂挡开关、工作油路开关、走行应急模式开关、显示器开关和电热玻璃开关(选装)。Ⅰ端柜门内部的布置和Ⅱ端的唯一区别是将“走行应急模式”开关换成了“应急电机”开关。两端柜门内的布置如图 1—83 所示。

(a) Ⅱ端柜门布置　　(b) Ⅰ端柜门布置

图 1—83　柜门内布置

1—主车显示器 U 口；2—发电机摘挂挡开关；3—走行应急模式开关；4—电热玻璃开关；5—警灯开关；6—工作油路开关；7—显示器开关；8—应急电机开关

操作台相关要求：

各开关位置正确，各仪表、显示器外观良好、工作正常。

2. 检查盖板

检查盖板下部设有膨胀水箱、机油油位检查处及发动机检修口，如图 1—84 所示。

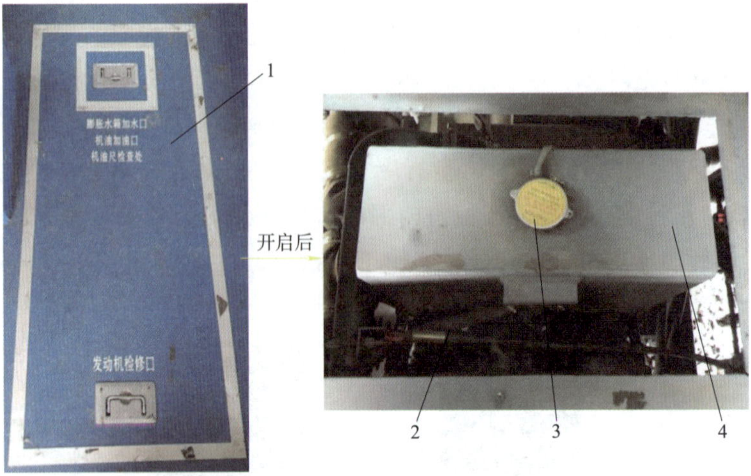

图 1—84　检查盖板

1—检查盖板；2—发动机机油尺；3—加水口；4—膨胀水箱

相关要求：

(1)发动机机油油位应符合标准(机油尺上、下刻度线之间)，不足时及时补充。

(2)冷却液液位应符合标准(膨胀水箱高度的 1/3～2/3)，不足时及时补充。

3. 人力制动机

该车采用 NSW 型人力制动机，安装在Ⅱ端司机室端墙外部，如图 1—85 所示。

图 1—85　人力制动机

相关要求：

人力制动机手轮应转动灵活，各部润滑良好。

4. 载料平台及随车起重机

载料平台及随车起重机如图 1—86 所示。

图 1—86　载料平台及随车起重机

1—随车起重机；2—侧墙；3—锁闭销；4—端墙

车辆Ⅰ端设有载料平台,用于装载物料和维修机具,主要由端墙和侧墙等组成。载料平台上安装有一台 6.3 t 液压伸缩臂式起重机,用于材料和机具的吊装。

相关要求:

(1)运行前应检查侧墙锁闭销作用良好,运行时侧墙不得翻下,防止超限。

(2)车辆运行前,起重机吊臂应落入支撑且固定稳固,回转锁定销锁定良好,吊钩应挂入钩环内,钢丝绳处于张紧状态,如图 1—87 所示。

吊臂支撑　　回转锁定销　　挂钩

图 1—87　随车起重机

1—钢丝绳;2—吊臂支撑;3—吊臂;4—回转锁定销;5—吊钩;6—钩环

(七)JW-4G 型车与 GCY-300Ⅱ型车的区别

1. 车辆前、后两端

(1)前、后两端无“发电机交流输出”插座。

(2)车辆后端无“液压工具”接口。

2. 车辆左、右两侧

(1)JW-4G 型车的踏梯无翻转结构。

(2)JW-4G 型车无 75 kW 发电机。

(3)车架下方左、右两侧均设有两个抓轨器,图示和相关要求同 JW-4 型车。

3. 车辆上部

(1)操作台柜门开关布置

JW-4G 型车两端操作台柜门开关布置大体一致，区别在于Ⅰ端设有“门灯”开关、“应急电机”开关(选装)，Ⅱ端设有“走行应急模式”开关，如图 1—88 所示。

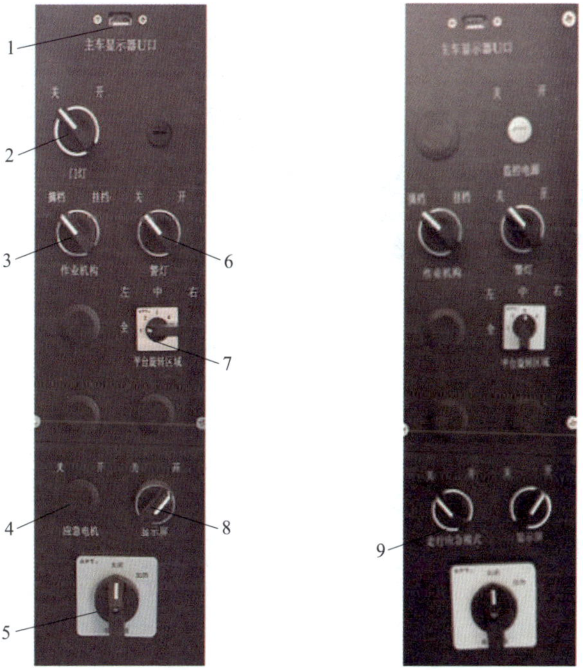

(a) Ⅰ端柜门布置　　(a) Ⅱ端柜门布置

图 1—88　柜门开关布置

1—主车显示器 U 口；2—门灯开关；3—作业机构摘挂挡开关；
4—应急电机开关(选装)；5—电热玻璃开关(选装)；6—警灯开关；
7—平台旋转区域开关；8—显示屏开关；9—走行应急模式开关

(2)作业机构

JW-4G 型车的作业机构主要由作业平台(含调平装置)、随车起重机等组成,与 JW-4 型车的布置相似,区别在于增设了调平装置,如图 1—89 所示。当有 6 级以上大风或曲线外轨超高 125 mm 施工作业时,应使用调平装置以保障作业的安全。

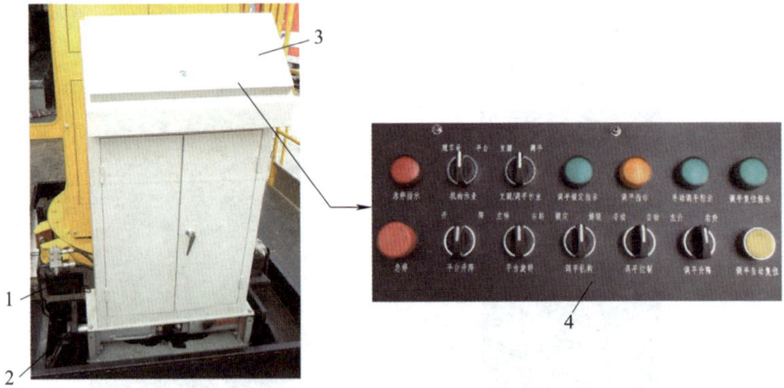

图 1—89 调平装置

1—调平油缸;2—机械锁定装置;3—调平控制柜;4—控制面板

相关要求:

①调平控制柜内各开关、按钮应位置正确、作用良好。

②各油缸、管路应无渗漏油现象。

③运行前检查调平控制柜柜门应锁闭完好,机械锁定装置锁定良好。

第二章　常见故障分析与处理

第一节　故障诊断方法

一、故障判断的基本原则

1. 进行维修、判断故障应从简单的事情做起，本着“从简到繁、从易到难”的原则进行分析判断。

2. 在判断处理故障时，应理清思路，做到“先想后做”。先想好怎样做、从何处入手，再实际动手。即先分析判断，再进行故障处理及维修。

对于所观察到的现象，尽可能地先查阅相关的资料，查找相应的技术要求、使用特点等，然后根据查阅到的资料着手维修，切忌盲目拆修。

二、排除故障应具备的基本知识和基本技能

1. 熟悉车辆各部件的名称、安装位置及作用。
2. 具备对车辆各系统、各总成工作状态好坏的识别能力。
3. 能看懂车辆各系统原理图，熟悉各系统工作原理。
4. 熟练使用各种常用及专用工具。

三、常用故障处理方法

在故障判断维修中要做好记录，并对维修后设备的应用情况进行跟踪调查，常用的故障处理方法有以下几种。

1. 观察法

观察法是利用人的感官（望、闻、听、触摸等）来判断故障最直接的方法。通过观察法可以发现零部件的松动、裂纹、变形、缺

失、温度异常和显示异常等不正常状态。

2. 对比法

对比法是将怀疑有故障的部件与好的部件(或标准部件)通过观察、测量或者直接互换等方式进行对比,从而判断故障原因的方法。

3. 排除法

排除法是指在故障判断过程中,针对多个可疑的原因,利用所掌握的知识排除不可能的原因,保留最可能的原因。该方法可以逐步缩小故障范围,最终发现造成故障的真实原因,适用于一些突发故障或疑难故障的判断。

4. 检测法

检测法是采用专用设备(如红外线测温仪、频闪仪、内窥镜、油样分析设备等)对故障部位进行检查、分析、判断的方法,适用于隐性故障的判断、排除。

以上讲述的故障判断方法在实际应用中要互为补充,并在实践当中不断总结和积累,才能快速准确地判断故障原因,采取相应的处理措施。

第二节　车辆常见故障分析

轨道作业车在运用过程中,受使用频率、作业环境、线路条件和操作方法等多方面因素的影响,零部件会逐渐出现一定程度的老化、磨损和损坏,直接影响车辆的使用甚至危及行车安全。因此,乘务人员应认真做好出乘前的全面检查工作,通过静态检查和动态试验来排查各类故障,消除安全隐患。

一、静态检查中的故障

在静态检查过程中,应根据零部件的组成、结构特点和安装位置,准确地判断各零部件是否处于良好的工作状态。以下列举几类静态检查过程中常见的故障。

1. 裂纹类:如车钩钩体裂纹、制动软管裂纹、闸瓦裂纹、各皮带裂纹、各安全托架裂纹、车轴裂纹等。

2. 缺失类:如制动软管密封圈缺失、各开口销缺失、水压试验标牌缺失、闸瓦钎安全环缺失等。

3. 松动类:如轴箱端盖螺栓松动、燃油箱透气孔盖松动、轮轴弛缓线错位、车轴齿轮箱油位螺栓松动等。

4. 烧损类:如外接电源插座烧损、电气线路烧损等。

5. 泄漏类:如制动阀件漏风、液压减振器渗油、散热水箱滴漏、换向分动箱漏油等。

二、动态试验中的故障

在动态试验过程中,所遇故障的影响因素往往较多,此时应根据故障判断原则和故障特征结合系统的工作原理,逐步查清故障的真实原因。以下列举几个动态试验过程中常见的故障及分析处理方法。

(一)康明斯发动机故障

1. 发动机不能启动

(1)常见故障原因

①整车或操作端无电。

②点火熔断器缺失或损坏。

③点火开关损坏。

④燃油供给不足。

(2)故障分析及处理方法

根据故障判断原则,按照先检查电源供给、燃油供给,再检查控制部件、工作部件的方式逐一排除。

①电源供给、燃油供给的检查确认:蓄电池电量充足、接线无

松动,各处接地状态良好;电源总开关处于接通状态;电源转换开关转至操作端;燃油箱油量充足。

②将点火开关置于电源位(Ⅰ挡),此时各仪表应正常显示、机油报警灯和空挡指示灯应点亮。若上述部件不能工作,则应检查点火熔断器指示灯:如点亮则说明点火熔断器缺失或损坏;未亮则需检查电风扇状态。若电风扇能工作,则需检查点火开关是否损坏或其接线是否松脱;若电风扇不能工作且对应的熔断器指示灯也未点亮,则需检查蓄电池控制断路器 F2 是否断开或损坏。

③第 2 步检查完毕后仍不能启动,则需检查起动继电器、起动电机和熄火电磁阀。

④以上检查完毕后仍不能启动,则需检查发动机燃油滤芯是否堵塞、燃油管路是否畅通。若均正常,则需检查发动机是否拉缸抱瓦。

2. 发动机不能熄火

(1)常见故障原因

①点火开关损坏。

②PT 泵燃油直通螺钉处于不正确位置。

③熄火电磁阀损坏。

(2)故障分析及处理方法

根据故障判断原则,按照先检查点火开关,再检查 PT 泵,最后检查熄火电磁阀的方式逐一排除故障。

①同时断开蓄电池控制断路器 F2、充电发电机断路器 F3,发动机熄火则说明点火开关损坏,未熄火则需检查 PT 泵燃油直通螺钉位置是否正确。

②第 1 步检查完毕后发动机仍不能熄火,则应拆除进油管,切断油路迫使发动机熄火后卸下熄火电磁阀,检查其阀门、阀门座口是否破损,回位弹簧是否折断。

3. 发动机启动状态下,蓄电池未充电(即电流表指针偏向"一极"区域)

(1)常见故障原因

①F3 断路器断开或损坏。

②充电发电机损坏。

(2)故障分析及处理方法

根据故障判断原则,按照先检查 F3 断路器,再检查充电发电机及其皮带,最后检查蓄电池和电气线路的方式逐一排除。

根据电气工作原理,在发动机启动前由蓄电池对充电发电机进行励磁,发动机启动后,充电发电机向蓄电池进行补充充电。检查时应先确认 F3 断路器是否断开或损坏。若 F3 断路器状态正常,则需检查充电发电机的发电状态:若不发电,则需检查发电机是否损坏或皮带是否脱槽、损坏及挠度超标;若发电,则需检查蓄电池是否损坏或电气线路是否断路。

(二)富勒变速箱故障

1. 空挡指示灯不亮

(1)常见故障原因

①变速箱插接件松脱或虚接。

②空挡开关松脱或损坏。

③空挡指示灯损坏。

(2)故障分析及处理方法

根据故障判断原则,按照先检查电气元件,再检查机械部分的方式逐一排除。

①根据电气工作原理,变速箱空挡开关为闭式开关,低挡及倒挡开关为开式开关,三个挡位开关分别利用接头线束通过插接件与车辆线束连接。检查时应先确认低挡、倒挡指示灯的显示:若低挡、倒挡指示灯均不亮,则需检查变速箱插接件是否松脱或虚接;若低挡、倒挡指示灯任一点亮,则需检查空挡开关是否松脱或损坏。

②第 1 步检查完毕故障仍未排除,则应观察另一端空挡指示灯:若点亮,则为故障端指示灯损坏;若不亮,则需检查变速箱机械部分。

2. 低挡指示灯不亮

(1)常见故障原因

①变速箱截断塞门关闭。

②变速箱插接件松脱或虚接。

③低挡开关松脱或损坏。

(2)故障分析及处理方法

根据故障判断原则，按照先检查风源供给和连接部件，再检查电气元件，最后检查机械部件的方式逐一排除。

①确认总风缸压力符合要求、各连接部件锁紧螺母无松动。

②根据变速箱工作原理，当变速杆由高挡扳到低挡时，双 H 阀接通风管路推动低挡齿轮，此时低挡开关闭合、低挡指示灯点亮；当变速杆由低挡扳到高挡时，双 H 阀接通风管路推回低挡齿轮，此时低挡开关断开、低挡指示灯熄灭。检查时应先进行变速杆高、低挡转换：若无排气声，则需检查变速箱截断塞门是否开启或风管路是否畅通；若有排气声，则应确认空挡、倒挡指示灯的显示状态。若空挡、倒挡指示灯均不亮，则需检查变速箱插接件是否松脱或虚接；若空挡、倒挡指示灯任一点亮，则需检查低挡开关是否松脱或损坏。

③经上述检查后故障仍未排除，则应观察另一端低挡指示灯：若点亮，则为故障端指示灯损坏；若不亮，则需检查变速箱双 H 阀及其机械部分。

(三)换向分动箱故障

1. 前进和后退指示灯都不亮

(1)常见故障原因

①换向保险烧损或缺失。

②换向分动箱截断塞门关闭。

③换向分动箱机械锁定在中立位。

④换向分动箱插接件松脱或虚接。

⑤换向开关损坏。

(2)故障分析及处理方法

根据故障判断原则,按照先检查风源供给、电气控制回路、机械部件,再检查电气显示回路、气动部件的方式逐一排除。

①确认总风缸压力符合要求。

②操作换向开关进行前进、后退转换,检查换向熔断器指示灯的显示和气动换向的声音:若指示灯点亮则为换向熔断器烧损或缺失;若不亮且无声音则需检查换向截断塞门是否开启及其管路是否畅通良好;若不亮且声音沉闷则应检查机械锁定装置是否锁定在中立位;若不亮但有明显的金属撞击声则需检查换向插接件是否松脱或虚接。

③第 2 步检查完毕后若故障仍未排除,可进行换端操作:若另一端正常,则需检查故障端换向开关及电气线路;若两端都不正常,则需检查换向分动箱和换向气缸。

2. 前进指示灯常亮

(1)常见故障原因

①前进行程开关卡滞。

②换向分动箱机械锁定在前进位。

③换向截断塞门关闭或前进电空阀卡滞。

(2)故障分析及处理方法

根据故障判断原则,按照先检查风源供给,再检查电气元件、机械部件及风管路的方式逐一排除。

①确认总风缸压力符合要求。

②操作换向开关置于后退位:若后退指示灯点亮则需检查前进行程开关是否卡滞;若未亮且气动换向声音沉闷则需检查机械锁定装置的状态;若未亮且无气动换向声则需检查前进电空阀、换向截断塞门及风管路。

(四)侧风门打不开

1. 常见故障原因

(1)雨刮器熔断器烧损或缺失。

(2)侧风门电空阀插接件松脱或虚接。

2. 故障分析及处理方法

根据故障判断原则,按照先检查风源供给,再检查控制回路,最后检查机械部件及风管路的方式逐一排除。

(1)确认总风缸压力符合要求。

(2)操作侧风门开关,检查雨刮器熔断器指示灯的显示:若指示灯点亮则需检查雨刮器熔断器是否烧损或缺失;若不亮则需检查电空阀及其插接件。

(3)第2步检查完毕后故障仍未排除,则需检查截断塞门、风管路、电气线路、机械部件。

(五)自阀不制动,单阀作用正常

1. 常见故障原因

(1)分配阀制动管截断塞门未开启。

(2)分配阀主阀部故障。

(3)第二变向阀卡滞。

(4)中继阀故障。

(5)自阀故障。

2. 故障分析及处理方法

根据故障判断原则,按照先换端试验,再检查截断塞门和阀件,最后检查风管路的方式逐一排除。

(1)若另一端自阀也不制动,则需检查分配阀制动管截断塞门是否开启;若塞门正常开启,则需检查分配阀主阀部或第二变向阀是否出现故障;若上述检查完毕故障仍未排除,则需检查分配阀制动管管路、作用风缸管路或总风管路是否堵塞。

(2)若另一端自阀正常,则需检查故障端均衡风缸和制动管的减压情况：若均衡风缸和制动管均不减压，则需检查自阀是否出现故障；若均衡风缸减压正常而制动管不减压，则需检查中继阀是否出现故障。若上述检查完毕故障仍未排除，则需检查均衡风缸管路、中均管管路或制动管管路是否堵塞。

（六）自阀、单阀均不制动

1. 常见故障原因

（1）作用阀总风塞门未开启。

（2）作用阀故障。

（3）制动缸塞门未开启。

2. 故障分析及处理方法

根据故障判断原则，按照先换端试验，再检查截断塞门和阀件，最后检查风管路的方式逐一排除。

（1）若另一端自阀、单阀也不制动，则需检查作用阀总风截断塞门是否开启；若塞门正常开启，则需检查作用阀是否出现故障；若上述检查完毕故障仍未排除，则需检查作用阀总风管路或制动缸管路是否堵塞。

（2）若另一端自阀、单阀作用正常，则需检查故障端制动缸塞门是否开启；若塞门正常开启，则需检查故障端制动缸管路是否堵塞。

（七）两端自阀自缓

1. 常见故障原因

（1）工作风缸排水塞门被打开或管路泄漏。

（2）降压风缸排水塞门被打开或管路泄漏。

（3）分配阀主阀部工作风缸充气止回阀卡滞。

（4）分配阀副阀部故障。

2. 故障分析及处理方法

根据故障判断原则，按照先检查泄漏再检查阀件的方式逐一排除。

（1）先检查工作风缸或降压风缸的排水塞门是否被打开；若

塞门未被打开,则需检查工作风缸或降压风缸管路是否泄漏。

(2)若第 1 步检查完毕故障仍未排除,则需检查分配阀主阀部工作风缸充气止回阀是否卡滞。

(3)若上述检查完毕故障仍未排除,则需检查分配阀的主阀或副阀是否出现故障。

(八)制动管压力异常

1. 常见故障原因

(1)自阀调整阀故障。

(2)中继阀故障。

2. 故障分析及处理方法

根据故障判断原则,按照先检查均衡风缸压力再检查阀件的方式逐一排除。

(1)若均衡风缸压力正常,则需检查中继阀是否出现故障。

(2)若均衡风缸和制动管压力均异常,则需检查自阀调整阀是否出现故障。

(九)冷却风扇不转(液力传动轨道作业车)

1. 常见故障原因

(1)油泵故障。

(2)溢流阀故障。

(3)马达故障。

2. 故障分析与排除

根据故障判断原则,按照先确认各管路状态,再检查系统压力,最后检查油泵、溢流阀和马达的方式逐一排除。

(1)先确认冷却系统各管路有无泄漏。

(2)在溢流阀测压点接入压力表,将溢流阀调压部分锁定,检查系统是否有压力:若无压力则需检查油泵是否损坏;若有压力且马达可以工作则为溢流阀损坏;若有压力但马达不能工作则为马达损坏。

第三章　行车安全设备运用

行车安全设备是轨道作业车安全运行必不可少的设备，主要包括轨道车运行控制设备 GYK（含 BTM、GMS）、列车无线调度通信设备（含机车综合无线通信设备 CIR、无线列调机车电台）、列车无线调度手持通信设备（含无线列调对讲设备、GSM-R 手持终端）、轴温监测装置、作业视频安全监控装置等。

第一节　轨道车运行控制设备（GYK）

轨道车运行控制设备 GYK 是中国列车运行控制系统的组成部分，是防止轨道作业车冒进信号、运行超速并辅助司机提高操纵能力的重要行车设备。GYK 设备采用速度分级控制模式，监控轨道作业车安全运行，具有轨道电路信息接收、运行监控、警醒、数据记录、语音记录及人机交互等功能。能够实时记录列车无线调度通信设备双向通话和机车信号显示、司机操作等实时信息，通过转储接口可方便地下载记录数据至计算机，实现记录数据文件的及时分析和保存，供管理人员掌握车辆运行状态及作为事故分析的依据。

一、GYK 的基本组成

GYK 的基本组成包括主机、人机界面单元（DMI）、机车信号机、机车信号接收线圈、速度传感器、电磁阀（保压电磁阀、常用电磁阀、紧急电磁阀）、警惕按钮、警醒按钮等，各组成的安装位置如图 3—1 所示。

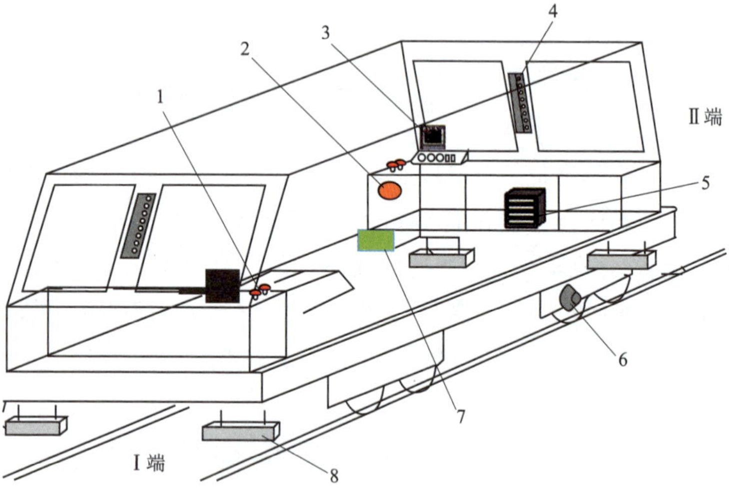

图 3—1　GYK 安装位置示意

1—警惕、警醒按钮;2—保压电磁阀(制动机下方);
3—人机界面单元(DMI);4—机车信号机;5—主机(操作台内);6—速度传感器;
7—常用电磁阀、紧急电磁阀(车架下方);8—机车信号接收线圈

二、GYK 的基本操作

GYK 的基本操作主要通过人机界面(DMI)来完成,DMI 的主界面显示和按键布置如图 3—2 和图 3—3 所示。

(一)开关机操作

(1)开机:司机上车后,先闭合电源总开关,再打开 GYK 主机电源开关,紧急放风阀自动关闭,30 s 后 GYK 进入系统界面,DMI 显示目视行车模式。GYK 在每次开机过程中都会自动检测各个单元,如有故障会在进入系统后自动报警。

(2)关机:关闭 GYK 主机电源,延时约 15 s 后设备自动关机。关机后再开机,间隔时间必须大于 30 s,以保证设备正常工作。

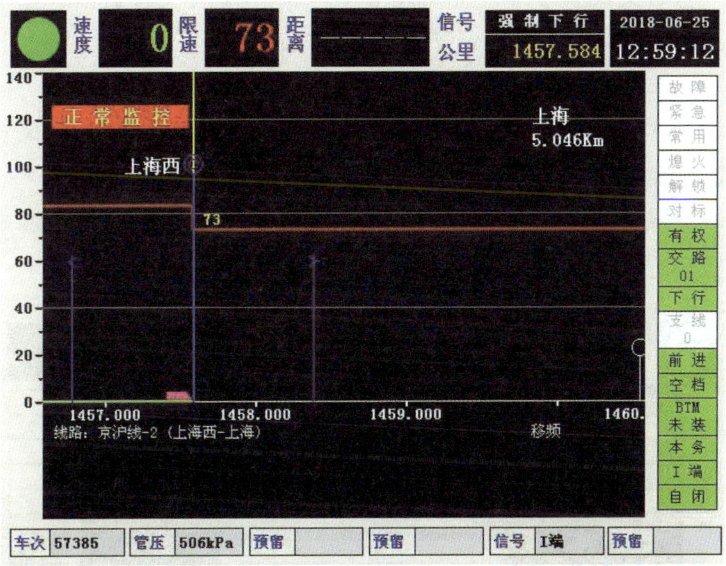

图 3—2　DMI 主界面显示

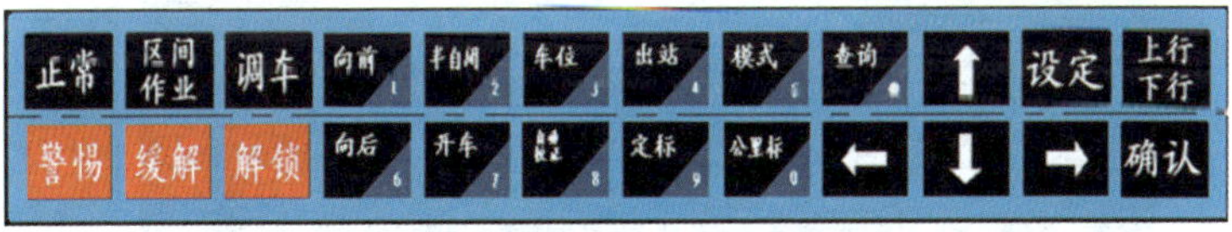

图 3—3　DMI 按键布置

（二）换端操作

一般情况下，GYK 主机连接两个 DMI，其中一个 DMI 有操作权，另一个 DMI 无操作权。

（1）有权端：可进行正常的按键操作。

（2）无权端：除换端操作外其他按键无效，无权端不发语音。

（3）夺权操作：在无权端按【3. 车位】+【7. 夺权】键，无权端变为有权端。

(4)交权操作:在有权端按【3. 车位】+【7. 交权】键,有权端变为无权端。

(三)设备自检操作

GYK 自检功能包括信号自检、常用自检、紧急自检、试风自检、键盘自检。

按压【查询】键出现查询操作界面,选择“6. 设备自检”,按【确认】键进入“设备自检”界面,如图 3—4 所示。

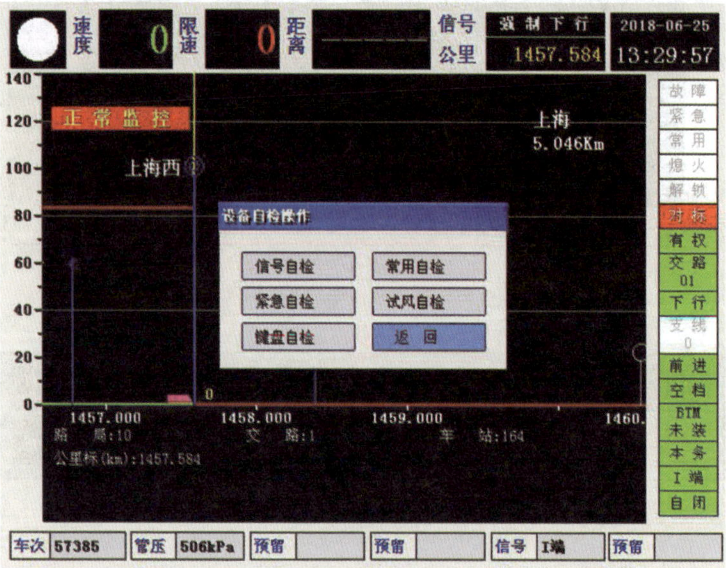

图 3—4　设备自检界面

1. 信号自检

选择“信号自检”,按【确认】键,即开始信号自检,信号自检时信号灯依次点亮,若自检正常,语音提示“自检正常”;若自检错误,语音提示“自检故障”,界面下方提示故障发生的单元。

2. 常用制动自检

选择“常用自检”,按【确认】键,GYK 输出常用制动信号,语音提示“常用制动”两遍，屏幕显示“常用自检”，状态栏“常用”灯点亮。GYK 控制常用制动阀排风，同时关闭制动管进风，观察制动管压力指示逐步降至 380 kPa 以下并保压，观察制动缸压力上升至 250 kPa 以上。试验完成后，按【缓解】键，语音提示“缓解成功”，制动管进风打开，观察制动管风压应上升到 500 kPa 左右，同时制动缸风压应降为 0 kPa。

3. 紧急制动自检

选择“紧急自检”，按【确认】键，GYK 输出紧急制动信号，语音提示“紧急制动”两遍，屏幕显示“紧急自检”，状态栏“紧急”“熄火”灯点亮。GYK 控制紧急制动阀、常用制动阀排风，同时保压阀动作关闭制动管进风，紧急制动时控制发动机熄火。试验完成后，按【缓解】键，语音提示“缓解成功”，制动管进风打开，观察制动管风压应上升到 500 kPa 左右，同时制动缸风压应降为 0 kPa。

4. 试风自检

选择“试风自检”，按【确认】键，GYK 输出紧急制动信号，语音提示“紧急制动”两遍，屏幕显示“试风自检”，“紧急”灯点亮。GYK 控制紧急制动阀、常用制动阀排风，同时关闭制动管进风，紧急制动时发动机不熄火。试验完成后，按【缓解】键，语音提示“缓解成功”，放风阀关闭，制动管恢复充风，观察制动管风压应上升到 500 kPa 左右，同时制动缸风压应降为 0 kPa。

5. 键盘自检

在键盘检测界面，针对每个按键，都有相应位置的显示按钮，每按一个键，相应的按钮会有颜色变化显示，以回应按键。如果需要退出键盘检测界面，按压“确认”键，弹出“请确认退出键盘自检”确认界面，把光标移动到“确定”按钮上，按压【确认】键，退出键盘检测。

(四)参数设定操作

参数设定主要输入司机号1、司机号2、车次、本/补、交路、监控交路、车站号、对标公里标、公里标趋势、编组限速、总重、辆数、计长等,如图3—5所示。

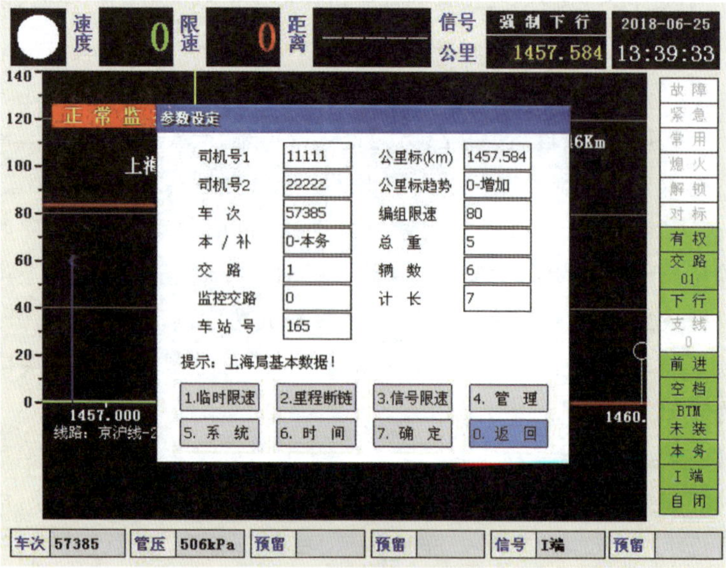

图3—5　参数设定界面

(五)路局设定操作

停车状态下,按压DMI面板【正常】键进入“轨道车位置设定”界面,在路局栏输入路局号,按【确定】键退出。

参数设定操作:按压【设定】键,屏幕弹出“参数设定”窗口。按方向键移动光标,在选定栏输入正确的参数信息,再按【确认】键或按方向键移动光标。待所有参数输入完毕,移动光标到“7. 确定”项,按【确认】键退出。

(六)设定参数查询

按压【查询】键出现查询操作界面。选择“1. 设定参数”,按

【确认】键：显示“设定参数查询”界面。查看司机号1、司机号2、交路号、车站号、车次编号、本/补类别、编组限速信息是否正确。

（七）揭示输入操作

揭示信息通过U盘转储器输入，内容包括：临时限速、绿色许可证、路票、区间作业等信息。遇有无法及时编辑或传送运行揭示文件等特殊情况时，由司机人工输入运行揭示信息。

1. U盘揭示输入

（1）下载U盘：停车时，将U盘插入显示屏的U盘插槽内，自动出现“从U盘下载揭示文件?”提示，选择确定后，U盘中的揭示信息将下载到GYK设备内。也可按压【查询】键后进入查询界面，将光标移到“3. 计划揭示”处按压【确认】键，或直接按压数字【3】键，进入计划揭示查询界面，将光标移到“1. 下载”，按【确认】键，出现提示信息“从U盘下载揭示文件?”，选择确定后，U盘中的揭示信息将下载到GYK设备内。

（2）揭示核对：下载完成后进入计划揭示查询界面，显示“U盘揭示信息查询”，乘务员必须按要求与运行揭示核对，确认无误后，将光标移到“0 返回”位置处，按压【确认】键，或直接按压数字【0】键返回。

2. 人工揭示输入

遇有无法及时编辑或传送运行揭示文件等特殊情况时，由司机上车人工输入运行揭示信息，一人输入，另一人核对；同时在《轨道作业车工作日志》上记录。

（1）临时限速输入：按【设定】键，进入“参数设定”窗口，将光标移到“1. 临时限速”项，按压【确认】键，进入临时限速设置界面。

（2）临时限速核对：按压【查询】键出现查询操作界面，选择“2. 人工揭示”，按【确认】键进入。

（3）临时限速取消：在“手动输入揭示查询”界面，选中需要取消的临时限速项，按压【解锁】键，输入相关参数。

(八)模式设定操作

GYK 具有五种控制模式(图 3—6)及两种提速状态:正常监控模式、调车模式、目视行车模式、区间作业模式、非正常行车模式、正常监控提速状态、区间作业提速状态,当轨道作业车运行速度高于允许速度+1 km/h 报警、+3 km/h 常用制动、+5 km/h 紧急制动。

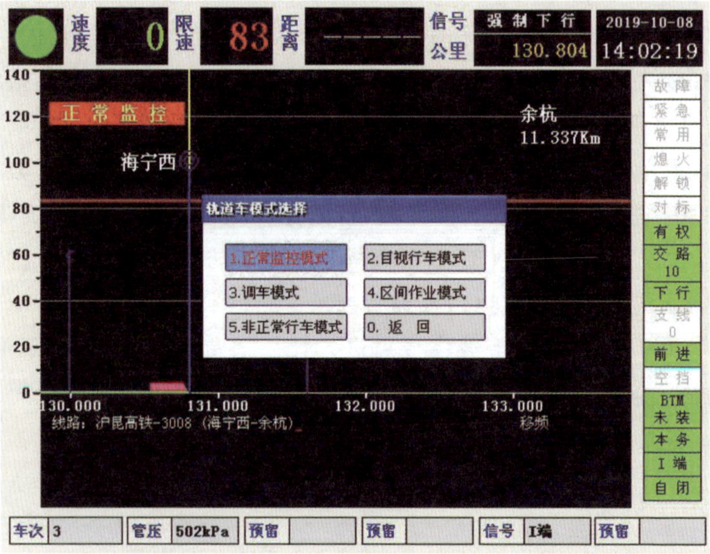

图 3—6 控制模式选择界面

1. 正常监控模式

正常监控模式用于轨道作业车区间正常运行控制。正常监控提速状态是轨道作业车在具有应答器的线路运行,当轨道电路信号、应答器信息接收正常,且收到的应答器信息满足提速条件时,经司机操作确认,GYK 由正常监控模式进入正常监控提速状态,按机车信号、应答器信息进行控车的运行控制模式。

(1)停车状态下按压 DMI 面板【正常】键或停车状态时按压

【模式】键，DMI弹出“轨道车模式选择”界面，将光标移动到“1. 正常监控模式”，按压【确认】键，或者按压数字键【1】，进入正常监控模式设定界面。

(2)显示器弹出“轨道车位置设定”界面，如图 3—7 所示，若数据正确，按【确定】键后调出基本数据，轨道作业车位置按设置的对标公里标定位，“对标”灯点亮。若对标公里标不符，司机可以重新输入对标公里标。

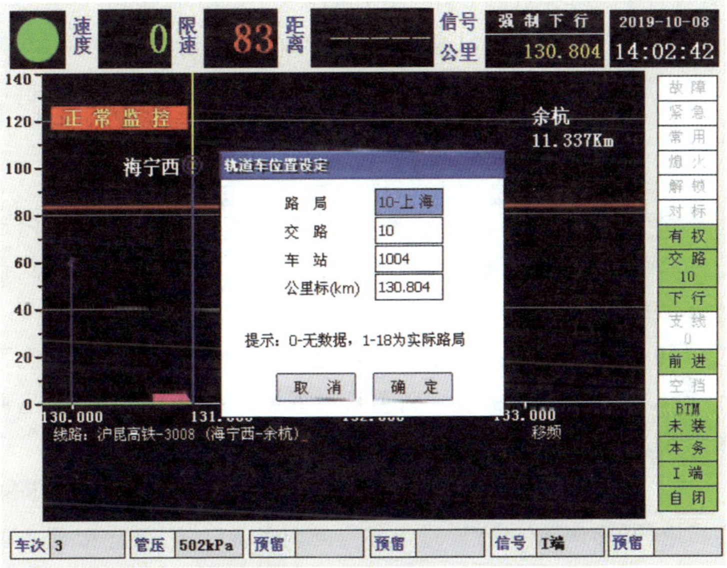

图 3—7　轨道车位置设定界面

开车时语音提示“注意开车键”。到达对标点司机按【开车】键对标，语音提示“对标成功”。GYK 按设定的监控交路控制轨道作业车运行。

(3)停车时，选择另外一种控制模式则退出“正常监控模式”。

2. 目视行车模式

目视行车模式是司机控车的固定限速模式，限速值为

20 km/h。同时目视行车模式可用于行车时遇停车信号或限速曲线闭口时，根据需要，允许司机按规定进行人工解锁，解锁后按目视行车模式控制。

(1)GYK 开机时，自动进入该模式。

(2)在停车状态下，按压【模式】键，DMI 弹出“轨道车模式选择”界面，将光标移动到“目视行车模式”，按压【确认】键，或者直接按压快捷数字键，进入目视行车模式。DMI 窗口左上角显示“目视行车”，选择进入另外一种控制模式则退出该模式。

(3)遇停车信号或限速曲线为 0，停车后或速度小于 20 km/h 时，司机按规定进行人工解锁后，进入目视行车状态。DMI 窗口左上角显示“××模式(目视行车)”。

3. 调车模式

调车模式是轨道作业车进行调车作业的固定限速模式，限速值按牵引 40 km/h、推进 30 km/h、连挂 5 km/h、出入库(默认 15 km/h)设置。

(1)停车状态下按压 DMI 面板【调车】键，进入“调车状态选择”窗口，如图 3—8 所示。调车状态下按压【调车】键 2 s 退出调车模式。

(2)司机按压方向键将光标移动到相应的调车状态，按 DMI 面板上的【确认】键，GYK 进入相应的调车状态，语音提示“进入调车，注意限速”。DMI 窗口左上角显示“调车(牵引)”等。选择进入另外一种控制模式时则退出该模式。

(3)模式限速值可根据需要进行设置。

4. 区间作业模式

区间作业模式分为五种状态：区间作业进入、区间作业返回、区间作业防碰、区间作业编组、5 km/h 连挂。

(1)区间作业进入用于轨道作业车进入封锁区间进行区间作业的控车模式。到达终点停车后，可通过司机操作转入目视行车。

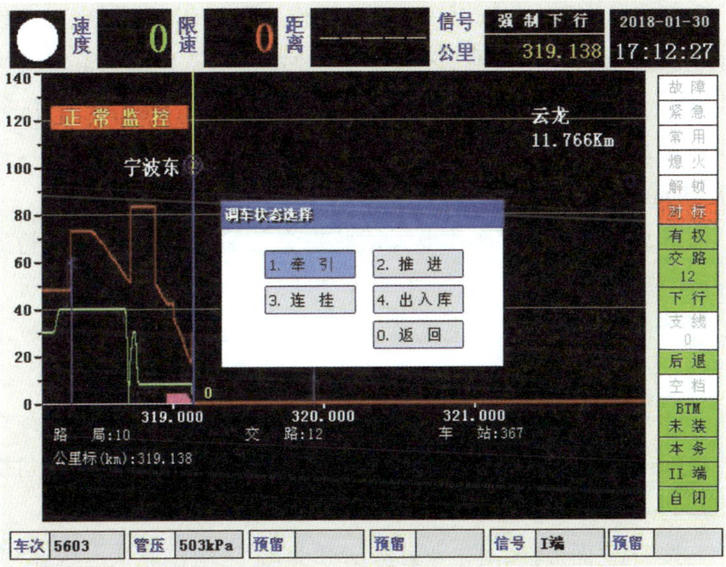

图 3—8 调车状态选择界面

停车状态下，按 DMI 面板【区间作业】键，DMI 弹出“区间作业状态选择”窗口，选择“区间作业进入”。或在停车状态下，按【模式】键，进入“模式选择”窗口，移动方向键使光标到对应的“区间作业模式”，按【确认】键，此时弹出“区间作业状态选择”窗口，选择“区间作业进入”。

在“区间作业进入状态参数输入”界面，依次输入“调度命令号”“车次”“运行方向”“作业起点”“作业终点”“封锁区间限速”“作业区间限速”“对标公里标”，按【确认】键确定，此时屏幕左上方显示“区间作业(进入)”。

(2)区间作业返回用于轨道作业车区间作业完毕返回车站的控车模式。运行至进站信号机或反向进站信号机前，GYK 能接收到机车信号，则按机车信号控车进站；如果接收不到机车信号，停车后，可通过司机操作按目视行车控制进站。

停车状态下,按 DMI 面板【区间作业】键,DMI 弹出“区间作业状态选择”窗口,选择“区间作业返回”。或停车状态下,按【模式】键,进入“模式选择”窗口,移动方向键使光标到对应的“区间作业模式”,按【确认】键,此时弹出“区间作业状态选择”窗口,选择“区间作业返回”。

参数设定:在“区间作业返回状态参数输入”窗口,司机输入“返回车次”“线路号”“对标公里标”“进站(或反向进站)信号机公里标”“封锁区间限速”,按【确认】键确定,此时屏幕左上角显示“区间作业(返回)”。

(3)区间作业防碰用于轨道作业车在设定的作业起点和终点公里标范围内的控车模式。到达起点或终点停车后,可通过司机操作转入目视行车。

按 DMI 面板【区间作业】键,DMI 弹出“区间作业状态选择”窗口,选择“区间作业防碰”。或停车状态下,按【模式】键,进入“模式选择”窗口,移动方向键使光标到对应的“区间作业模式”,按【确认】键,此时弹出“区间作业状态选择”窗口,选择“区间作业防碰”。

在“区间作业防碰状态参数输入”窗口,依次输入“调度命令号”“线路号”“对标公里标”“起点公里标”“终点公里标”“区间作业限速”,按【确认】键确定,此时屏幕左上方显示“区间作业(防碰)”。

(4)区间作业编组用于轨道作业车区间作业完毕进行编组的控车模式。距连挂点公里标大于等于 1 km 时,区间作业编组限速值取 40 km/h,距连挂点公里标小于 1 km 时,区间作业编组限速值取 20 km/h。停车后,可通过司机操作转入目视行车。

按 DMI 面板【区间作业】键,DMI 弹出“区间作业状态选择”窗口,选择“区间作业编组”。或停车状态下,按【模式】键,进入“模式选择”窗口,移动方向键使光标到对应的“区间作业模式”,按【确认】键,此时弹出“区间作业状态选择”窗口,选择“区间作业编组”。

在“区间作业编组状态参数输入”窗口，输入“对标公里标”“连挂点公里标”，按【确认】键，进入区间作业编组状态，DMI 窗口左上角显示“区间作业(编组)”。选择另外一种控制模式则退出该模式。

(5)5 km/h 连挂用于轨道作业车进行车组连挂的控车模式。

按 DMI 面板【区间作业】键，DMI 弹出“区间作业状态选择”窗口，选择“5 km/h 连挂”。或停车状态下，按【模式】键，进入“模式选择”窗口，移动方向键使光标到对应的“区间作业模式”，按【确认】键，此时弹出“区间作业状态选择”窗口，选择“5 km/h 连挂”。按【确认】键，进入连挂状态，DMI 窗口左上角显示“5 km/h 连挂”。选择另外一种控制模式则退出该模式。

(6)区间作业提速状态用于轨道作业车进入或返回有应答器配置的封锁区间。区间作业提速状态具有两种状态：区间作业进入提速和区间作业返回提速。

5. 非正常行车模式

非正常监控模式下具有地面信号确认、路票行车、绿色许可证行车、引导进站、调度命令发车五种非正常行车状态，用于轨道作业车在特殊情况时的控制。

在停车状态时，按压【↑】键 2 s，进入“非正常行车确认”窗口，选择相应状态，按【确认】键，即可进入设定界面，如图 3—9 所示。

(九)补机状态操作

GYK 具有补机状态，轨道作业车担当补机任务时使用。在补机状态下，GYK 只记录，不控制。

(1)在停车状态下，按压 DMI 面板【设定】键，出现“参数设定”窗口。选择“补机”，按压【确认】键，进入补机状态。GYK 在补机状态时，DMI 窗口左上角，显示“补机状态”，如图 3—10 所示。需要退出补机状态时，在停车状态下按压 DMI 面板【设定】键，出现“参数设定”窗口，选择“本务”，按压【确认】键，即可退出补机状态。

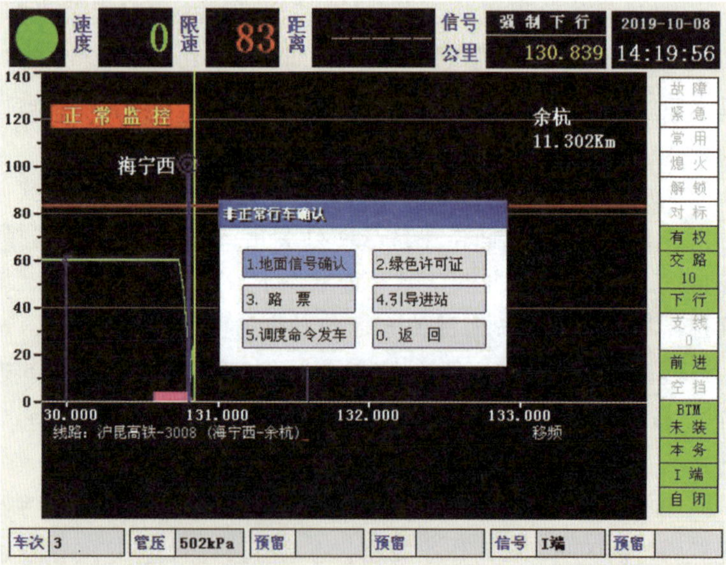

图 3—9 非正常行车确认界面

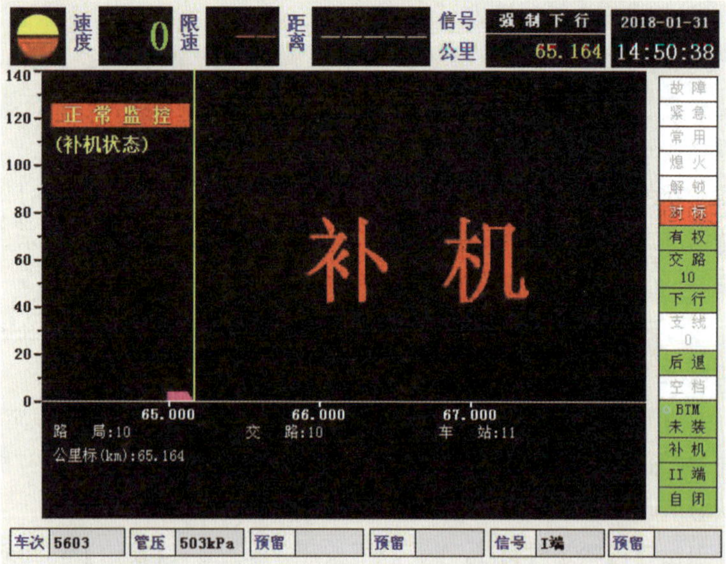

图 3—10 补机状态

(2)停车状态下，按压【设定】键持续 2 s，快速切换本务/补机状态。

(十)司机解锁操作

【解锁】键的使用条件：

(1)无码股道发车：机车信号显示白灯、单红灯，按停车控制时，轨道作业车停车后，司机按压【解锁】+【确认】键解除停车控制功能，控制轨道作业车以不超过道岔允许速度出站。

(2)半自闭出站：半自闭区间侧线出站后，越过道岔按压【解锁】键，弹出“尾部过岔”确认窗口。

(3)进入路票行车、绿色许可证行车模式时，在站内设置相关参数后，按压【解锁】+【确认】键解锁，GYK 解除轨道作业车在该信号机前的停车控制，控制轨道作业车以不超过出站道岔的限速出站。

(4)在区间作业模式工作时，特定情况下可以按压【解锁】键进入“××(目视)”行车模式。

(5)其他停车情况下，按压【解锁】键进入“××(目视)”行车模式。

(十一)其他功能操作

1. 溜逸控制

GYK 有空挡防溜、相位防溜、管压防溜三种溜逸控制，当 GYK 触发溜逸报警时，如果车辆处于溜逸状态，司机应先正确处置，然后再进行 GYK 警惕操作，禁止习惯性按压【警惕】键。

(1)空挡防溜

当轨道作业车未加载(即工况为空挡)由停车状态移动时，速度大于等于 3 km/h 或车辆移动距离大于等于 10 m 时，产生防溜报警语音提示“注意手柄防溜”，在 10 s 内按压【警惕】可解除语音报警，否则输出紧急制动。

(2)相位防溜

①当轨道作业车由停车状态移动，若 GYK 检测到车辆运行方

向与速度传感器转向相反,当运行速度大于等于 3 km/h 或车辆移动距离大于等于 10 m 时,产生防溜报警,语音提示"注意相位防溜",在 10 s 内按压【警惕】可解除语音报警,否则输出紧急制动。

②当轨道作业车运行速度大于等于 10 km/h 并且已经按压【警惕】键解除第一次相位防溜报警,会继续产生防溜报警,语音提示"注意相位防溜",在 10 s 内按压【警惕】可解除语音报警,否则输出紧急制动。

③轨道作业车动车后触发"注意相位防溜"动作,按压【警惕】键后,解除防溜控制。停车后,司机需要确认设备参数及状态。

(3)管压防溜

轨道作业车速度从大于等于 3 km/h 降为 0,停车后 5 s 内的制动管压力与运行时最高管压相比较,管压下降小于 80 kPa(一次减压不足 80 kPa),产生防溜报警语音提示"注意管压防溜",5 s 内追加减压大于等于 80 kPa,则不产生防溜报警提示;防溜报警倒计内,按压【警惕】键或者追加减压大于等于 80 kPa 可解除语音报警,否则输出紧急制动。

(4)防溜控制功能确认

当防溜控制功能启动后,连续语音提示"注意(管压、手柄、相位)防溜",确认是正常动车后,可在语音报警 10 s 内减压大于等于 80 kPa 解除防溜报警及控制;若发生溜逸立即采取措施停车;确认是停车未保压或减压量不足 80 kPa,可追加减压量至规定值,解除防溜控制。

2. 常用制动后的操作

GYK 触发常用制动后,按模式限速值－5 km/h 确定缓解速度曲线,当运行速度低于缓解速度曲线时会有语音提示"允许缓解",此时可按压【缓解】键撤除常用制动指令。

3. 紧急制动后的操作

GYK 触发紧急制动后,发动机自停熄火,待车速降至 0 后,熄火指令自动撤除；当语音提示“允许缓解”时，可按压【缓解】键撤除紧急制动指令。如发生紧急和常用制动，停车后按压【缓解】键，紧急和常用制动同时撤除。

4. 警醒操作

GYK 在正常监控模式、区间作业进入、区间作业返回，速度大于 20 km/h 时，运行 2 min 没有任何操作，GYK 启动警醒控制。若声光报警 13 s 内不采取措施则实施紧急制动。

在报警时间内，有如下情况之一时解除报警：

(1)工况手柄位变化。

(2)制动管压力 6 s 内变化超过 50 kPa。

(3)GYK 有按键输入。

5. 警惕操作

(1)当 GYK 显示屏弹出提示窗口进入秒倒计数时，司机按压一次【警惕】键(按下并松开)解除报警。

(2)当发生信号突变报警时，按压【警惕】键解除停车报警，同时注意瞭望。

(3)当轴温温度超过报警值，发出轴温异常报警，按压【警惕】键解除报警。

(4)当起步风压不足 450 kPa 时，发出风压报警语音提示，可按压【警惕】键解除报警。

(5)当红黄灯掉码报警时，可按压【警惕】键解除报警。

(6)侧线出站后，在常用制动曲线前还未上码时，语音报警，可按压【警惕】键解除报警，并闭口曲线前移 200 m。

(7)当 GYK 检测到速度信号故障时，发出“速度信号故障”报警，7 s 内按压【警惕】键，GYK 输出常用制动；7 s 内不进行警惕操作，输出紧急制动。速度信号故障制动后，需要在停车状态下，手动转换为目视行车模式，按压【缓解】键即可缓解制动状态，或速度信号故障停车过程中，GYK 检测到速度信号，则停车后，允许按压【缓解】键解除制动状态。

(8)正常监控模式和正常监控提速状态:停车信号时收到同向的绝对停车信息包GYK输出紧急制动指令。允许信号时收到同向的绝对停车信息包,7 s语音报警“确认进路,5、4、3、2、1”,若司机在7 s内按压【警惕】键,则解除语音报警并不输出制动;7 s内未按压【警惕】键,则输出紧急制动指令,DMI下方文字提示“绝对停车,紧急制动”。

6. 道口提醒

当轨道作业车距离道口1 km和500 m时,语音提示“前方道口,注意限速”,DMI提示区以米为单位显示至前方3 km内最近道口的距离。

(十二)故障处理

1. 遇机车信号或速度传感器故障时,发出告警语音,司机应立即停车,使用列车无线调度通信设备报告车站值班员、列车调度员。接到继续运行至前方站内停车的调度命令后,将GYK转为目视行车模式,操纵轨道作业车以规定的速度运行至前方站停车处理。

2. GYK故障隔离装置是GYK设备故障时用于紧急制动输出隔离的开关。GYK工作正常时,隔离装置手柄处于正常位。GYK故障时,车辆停车后,根据调度命令,司机将隔离装置手柄置于故障位,使紧急制动输出转入隔离状态。

第二节　车载无线通信设备

一、450MHz列车无线调度通信设备

450 MHz通用式机车电台主要用于全路450 MHz列车无线调度通信系统。

（一）基本构造

列车无线调度通信设备主要由主机、控制盒（2 个）、天线、扬声器（2 个）、麦克风（2 个）、电缆等组成。主机则由电源模块、信道机（2 部）、主控单元、双工器以及减振架组成，如图 3—11 所示。

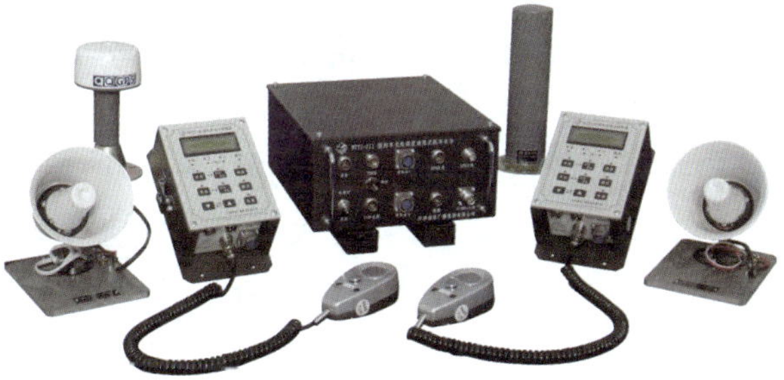

图 3—11　列车无线调度通信设备

（二）基本功能

（1）扫描接收功能。轨道作业车电台能自动扫描接收每个频组中的频率。

（2）频组选择功能。手动选择多个频组中的 1 个频组工作，液晶屏显示线路名称或工作模式。

（3）亚音频控制功能。当按呼叫键后将自动发射 3 s 信令，信令格式符合《列车无线调度通信系统制式及主要技术条件》（TB/T 3052—2002）标准的规定。

（4）灯光显示及声音提示功能。收到信号时信号灯亮；发讯时发射灯亮；呼叫时按键操作有声音提示。

（5）自检功能。操作控制盒【模式】键＋【隧道车站】键，电台进入自检程序，逐项检测各项参数和功能，并将自检结果或故障信息通过声音及指示灯提示。

（6）出入库检测功能。库检设备无线遥控检测机车电台各项参数和功能。

二、机车综合无线通信设备(CIR)

机车综合无线通信设备(CIR)安装在机车驾驶室内,供司机与列车调度员、车站值班员等进行通信,能实现 450 MHz 和 GSM-R 两种工作模式的转换,具有 GPS 定位功能。

机车综合无线通信设备可取代原有的 450 MHz 通用式机车电台,既能在 450 MHz 工作模式下,完成调度通信、调度命令的接收、无线车次号的传送;又能工作在 GSM-R 模式下,适应中国铁路 GSM-R 铁路通信系统,完成系统要求的所有业务功能,包括普通语音通话、短信接收数据调度命令、铁路紧急呼叫、语音组呼(VGCS)、语音广播(VBS)、优先级与强拆(eMLPP)等业务。

(一)基本构造

机车综合无线通信设备由主机、操作显示终端(MMI)、送(受)话器、扬声器、打印终端、连接电缆、天线、射频馈线等组成,如图 3—12 所示。

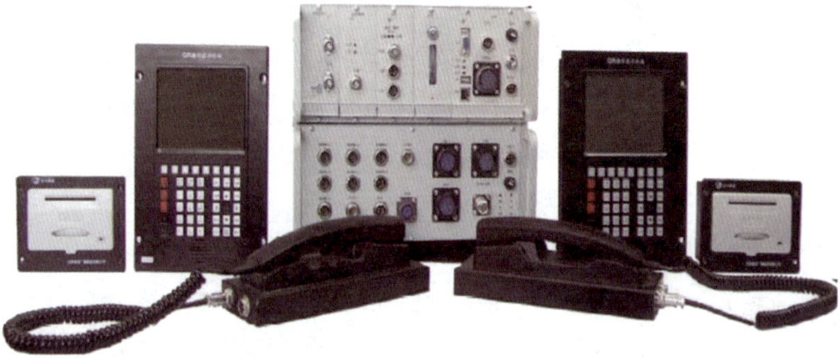

图 3—12　机车综合无线通信设备

(1)MMI。MMI 包括显示器、按键、外部接口。

(2)主机。小型化主机由 A、B 功能子架组成。A 子架设有主控单元、GSM-R 话音单元、GSM-R 数据单元、卫星定位单元、记录单元、电源单元、电池；B 子架有接口单元、调度命令单元、450 MHz机车电台单元。其中电池单元可安装在 A 子架内适当位置，450 MHz 机车电台安置在 B 子架内或单独放置。

(二)主要功能

机车综合无线通信设备根据功能模块的选配情况可实现以下功能：

(1)具有《列车无线调度通信系统制式及主要技术条件》(TB/T 3052—2002)、《列车无线调度通用式机车电台主要技术条件(V2.0)》规定的机车电台功能。

(2)具有 450 MHz 机车电台承载的列车尾部风压、无线车次号、接车进路预告信息、调车作业通知单、列车停稳、调车请求、信息回执、调度命令等数据信息的传输功能。

(3)具有 GSM-R 调度通信系统功能。

(4)具有 GSM-R 通用数据传输功能，根据承载业务的需要提供 GPRS 或电路方式数据传输链路。

(5)具有 GSM-R 工作模式与 450 MHz 工作模式自动切换和手动切换功能。

(6)具有向用户提供卫星定位原始信息、公用位置信息的功能(周期 2 s)。

(7)操作显示终端具有调度通信、通用数据传输所需的操作、状态显示以及语音提示功能。

(8)具有主、副操作显示终端(MMI)之间通话功能。

(9)主机具备信息存储和导出功能。

(10)具有人工系统复位功能。复位重启后自动进入原注册状态。

(11)具有出入库检测功能(故障定位到功能单元),包括450 MHz单元、GSM-R 话音单元、GSM-R 数据单元、记录单元、卫星定位单元、MMI、TAX 接口,并可将自检结果发送到库检台。

第四章　行车闭塞

我国铁路列车运行一般采用空间间隔法，以车站、线路所划分的区间及自动闭塞区间的通过信号机所划分的闭塞分区作间隔，通过调度所、相邻站、线路所、闭塞分区的设备或人为控制，使列车与列车相互间保持一定间隔，以保证列车安全运行。轨道作业车司机应熟练掌握区间及闭塞分区的划分、行车基本闭塞法及行车凭证。

一、区间及闭塞分区的划分

（一）站间区间

（1）在单线上，车站与车站间以进站信号机柱的中心线为车站与区间的分界线。

（2）在双线或多线上，车站与车站间分别以该线的进站信号机柱或站界标的中心线为车站与区间的分界线。

（二）所间区间

两线路所间或线路所与车站间，以该线上的通过信号机柱的中心线为所间区间的分界线。设有进站信号机的线路所，所间区间的分界方法与站间区间相同。

（三）闭塞分区

自动闭塞区间同方向相邻的两架色灯信号机间，以该线上的通过信号机柱的中心线为闭塞分区的分界线。

二、行车基本闭塞法及行车凭证

正常行车按照行车基本闭塞法办理，行车基本闭塞法分为自动闭塞、自动站间闭塞、半自动闭塞。电话闭塞法是当基本闭塞法不能使用时所采用的代用闭塞法。

1. 使用自动闭塞法行车时,列车进入闭塞分区的行车凭证为出站或通过信号机显示的允许运行的信号。

2. 使用自动站间闭塞法或半自动闭塞法行车时,列车凭出站信号机或线路所通过信号机显示的允许运行的信号进入区间。

3. 几种特殊情况下的行车凭证。

(1)自动闭塞区段出站信号机故障时发出列车、由未设出站信号机的线路上发出列车、发车进路信号机发生故障时发出列车的行车凭证是绿色许可证,如图 4—1 所示。

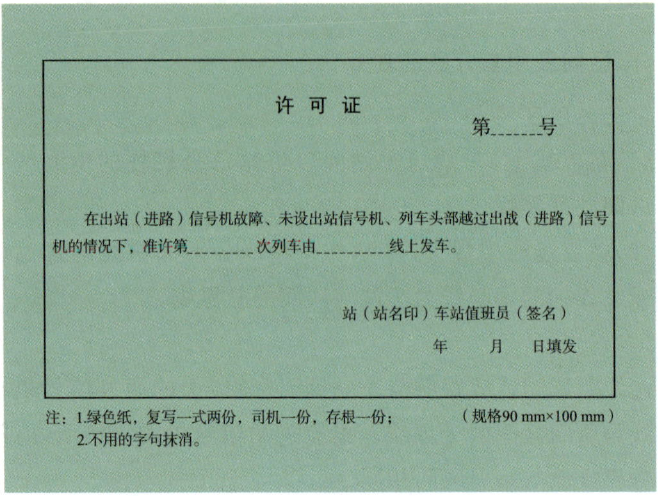

许 可 证

第______号

在出站（进路）信号机故障、未设出站信号机、列车头部越过出战（进路）信号机的情况下，准许第________次列车由________线上发车。

站（站名印）车站值班员（签名）

年　月　日填发

注：1.绿色纸，复写一式两份，司机一份，存根一份；（规格90 mm×100 mm）
2.不用的字句抹消。

图 4—1　绿色许可证样本示意

(2)使用电话闭塞法行车时,列车占用区间的行车凭证是路票,如图 4—2 所示。

(3)车站行车室内一切电话中断,单线行车按书面联络法,双线行车按时间间隔法,列车进入区间的行车凭证均为红色许可证,如图 4—3 所示。

路　票

电话记录第　　号

车　次____________

港　前 ⟶ 余家湖

港前站（站名印）　　编号

注：1.路票为预先印好区间（即站名）和编号的硬卡片;（规格75 mm × 88 mm）
2.加盖“副”字戳记者，为路票副页。

图 4—2　路票样本示意

许 可 证

第____号

现在一切电话中断，准许第______次列车自_______站至______站，本列车前于_____时_____分发出的第_______次列车，临站到达通知已/未收到。

通 知 书

1.第______次列车到达你站后，准接你站发出的列车。

2.于______时_____分发出第______次列车，并于_____时______分再发出第_______次列车。

站（站名印）车站值班员（签名）

年　　月　　日填发

注：1.红色纸，复写一式两份，司机一份，存根一份；　（规格90 mm×130 mm）
2.不用的字句抹消。

图 4—3　红色许可证样本示意

(4)向封锁区间发出救援列车时,不办理行车闭塞手续,以列车调度员的命令,作为进入封锁区间的许可。当列车调度电话不通时,应由接到救援请求的车站值班员根据救援请求办理,救援列车以车站值班员的命令,作为进入封锁区间的许可。

(5)向施工封锁区间开行路用列车时,列车进入封锁区间的行车凭证是调度命令,如图 4—4 所示,该命令中应包括列车车次、停车地点、到达车站的时刻等有关事项,需限速运行时在命令中一并注明。

调 度 命 令

20___年___月___日____时___分　　第_____号

受令处所		调度员姓名	
内　容			

(规格110 mm × 160 mm)　　受令车站_______车站值班员_______

图 4—4　调度命令样本示意

(6)半自动闭塞区段,遇超长列车头部越过出站信号机而未压上出站方面的轨道电路发车时,行车凭证为出站信号机显示的允许运行的信号,并发给司机调度命令。

(7)半自动闭塞区段,遇发车进路信号机故障或超长列车头部越过发车进路信号机发车时,列车越过发车进路信号机的行车凭证为半自动闭塞发车进路通知书,如图 4—5 所示。

半自动闭塞发车进路通知书

第__________号

1. 在列车头部越过发车进路信号机的情况下，准许第__________次列车由________线发车。

2. 在_______发车进路信号机故障的情况下，准许第__________次列车越过该发车进路信号机。

站（站名印）车站值班员（签名）

年　　月　　日填发

注：1.白色纸，复写一式两份，司机一份，存根一份；　　（规格90 mm×130 mm）
2.不用的字句抹消。

图 4—5　半自动闭塞发车进路通知书样本示意

第五章　常见信号显示

信号是指示列车运行及调车作业的命令，有关行车人员必须严格执行。

铁路信号包括视觉信号和听觉信号两大类，用信号机、信号旗、信号灯、信号牌、信号表示器、信号标志及火炬等显示的信号均属视觉信号；用号角、口笛、机车及自轮运转特种设备的鸣笛及响墩等发出的信号均属听觉信号。

第一节　色灯信号机

一、进站色灯信号机

进站色灯信号机的显示方式及含义见表5—1。

表5—1　进站色灯信号机的显示方式及含义

序号	显示方式		显示含义	
			三显示自动闭塞、半自动闭塞、自动站间闭塞区段	四显示自动闭塞区段
1	一个绿色灯光		准许列车按规定速度经正线通过车站，表示出站及进路信号机在开放状态，进路上的道岔均开通直向位置	准许列车按规定速度经道岔直向位置进入或通过车站，表示运行前方至少有三个闭塞分区空闲
2	一个绿色灯光和一个黄色灯光		准许列车经道岔直向位置，进入站内越过次一架已经开放的信号机准备停车	准许列车按规定速度经道岔直向位置进入站内，表示次一架信号机经道岔直向位置开放一个黄灯
3	一个黄色灯光		准许列车经道岔直向位置，进入站内正线准备停车	准许列车按限速要求经道岔直向位置进入站内正线准备停车

续上表

序号	显示方式		显示含义	
			三显示自动闭塞、半自动闭塞、自动站间闭塞区段	四显示自动闭塞区段
4	一个黄色闪光和一个黄色灯光	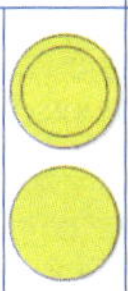	准许列车经18号及以上道岔侧向位置，进入站内越过次一架已经开放的信号机且该信号机防护的进路经道岔直向位置或18号及以上道岔侧向位置	
5	两个黄色灯光	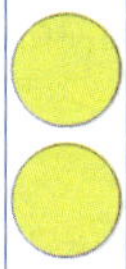	准许列车经道岔侧向位置（但不满足上述第4项条件）进入站内准备停车	准许列车按限速要求越过该信号机，经道岔侧向位置（但不满足上述第4项条件）进入站内准备停车
6	一个红色灯光		不准列车越过该信号机	

二、出站色灯信号机

出站色灯信号机的显示方式及含义见表5—2。

表5—2　出站色灯信号机的显示方式及含义

序号	显示方式		显示含义		
			半自动闭塞、自动站间闭塞区段	三显示自动闭塞区段	四显示自动闭塞区段
1	一个绿色灯光		准许列车由车站出发	准许列车由车站出发，表示运行前方至少有两个闭塞分区空闲	准许列车由车站出发，表示运行前方至少有三个闭塞分区空闲
2	一个绿色灯光和一个黄色灯光		—	—	准许列车由车站出发，表示运行前方有两个闭塞分区空闲

续上表

序号	显示方式		显示含义		
			半自动闭塞、自动站间闭塞区段	三显示自动闭塞区段	四显示自动闭塞区段
3	一个黄色灯光		—	准许列车由车站出发,表示运行前方有一个闭塞分区空闲	
4	两个绿色灯光		准许列车由车站出发,开往次要线路	准许列车由车站出发,开往半自动闭塞或自动站间闭塞区间	
5	一个红色灯光		不准列车越过该信号机		
6	兼作调车信号机时,一个月白色灯光		准许越过该信号机调车		

三、通过色灯信号机

通过色灯信号机的显示方式及含义见表5—3。

表5—3　通过色灯信号机的显示方式及含义

序号	显示方式		显示含义		
			半自动闭塞、自动站间闭塞区段	三显示自动闭塞区段	四显示自动闭塞区段
1	一个绿色灯光		准许列车按规定速度运行	准许列车按规定速度运行,表示运行前方至少有两个闭塞分区空闲	准许列车按规定速度运行,表示运行前方至少有三个闭塞分区空闲
2	一个绿色灯光和一个黄色灯光	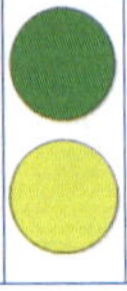	—	—	准许列车按规定速度运行,要求注意准备减速,表示运行前方有两个闭塞分区空闲

续上表

序号	显示方式		显示含义		
			半自动闭塞、自动站间闭塞区段	三显示自动闭塞区段	四显示自动闭塞区段
3	一个黄色灯光		—	要求列车注意运行，表示运行前方有一个闭塞分区空闲	要求列车减速运行，按规定限速要求越过该信号机，表示运行前方有一个闭塞分区空闲
4	一个红色灯光		不准越过该信号机	列车应在该信号机前停车	

四、预告色灯信号机

预告色灯信号机（遮断信号机的预告信号机除外）的显示方式及含义见表5—4。

表5—4　预告色灯信号机的显示方式及含义

序号	显示方式		显示含义
1	一个绿色灯光		表示主体信号机在开放状态
2	一个黄色灯光		表示主体信号机在关闭状态

五、调车色灯信号机

调车色灯信号机的显示方式及含义见表5—5。

表5—5　调车色灯信号机的显示方式及含义

序号	显示方式		显示含义
1	一个月白色灯光		准许越过该信号机调车

续上表

序号	显示方式		显示含义
2	一个月白色闪光灯光		装有平面溜放调车区集中联锁设备时,准许溜放调车
3	一个蓝色灯光		不准越过该信号机调车

第二节　移动信号及手信号

一、常见移动信号

常见移动信号显示方式见表 5—6。

表 5—6　常见移动信号的显示方式

序号	移动信号	显示方式		
1	停车信号	昼间	表面有反光材料的红色方牌	
		夜间	柱上红色灯光	
2	减速信号	表面有反光材料的黄底黑字圆牌,标明列车限制速度		

续上表

序号	移动信号	显示方式	
2	减速信号	施工及其限速区段，在减速信号牌外方增设的特殊减速信号牌为表面有反光材料的黄底黑“T”字圆牌	
3	减速防护地段终端信号	表面有反光材料的绿色圆牌。在单线区段，司机应看线路右侧减速信号牌背面的绿色圆牌	

二、常见手信号

常见手信号显示方式及含义见表 5—7。

表 5—7　常见手信号显示方式及含义

序号	手信号	显示含义	显示方式		
1	停车信号	要求列车停车	昼间	展开的红色信号旗	
				无红色信号旗时，两臂高举头上向两侧急剧摇动	

续上表

序号	手信号	显示含义	显示方式		
1	停车信号	要求列车停车	夜间	红色灯光	
				无红色灯光时,用白色灯光上下急剧摇动	
2	减速信号	要求列车降低到要求的速度	昼间	展开的黄色信号旗	
				无黄色信号旗时,用绿色信号旗下压数次	
			夜间	黄色灯光	

续上表

序号	手信号	显示含义	显示方式		
2	减速信号	要求列车降低到要求的速度	夜间	无黄色灯光时，用白色或绿色灯光下压数次	
3	发车信号	要求司机发车	昼间	展开的绿色信号旗上弧线向列车方面作圆形转动	
			夜间	绿色灯光上弧线向列车方面作圆形转动	
4	通过手信号	准许列车由车站(场)通过	昼间	展开的绿色信号旗	
			夜间	绿色灯光	

续上表

<table>
<tr><th>序号</th><th>手信号</th><th>显示含义</th><th colspan="3">显示方式</th></tr>
<tr><td rowspan="2">5</td><td rowspan="2">引导手信号</td><td rowspan="2">准许列车进入车场或车站</td><td>昼间</td><td>展开的黄色信号旗高举头上左右摇动</td><td></td></tr>
<tr><td>夜间</td><td>黄色灯光高举头上左右摇动</td><td></td></tr>
<tr><td rowspan="4">6</td><td rowspan="4">调车手信号</td><td colspan="4">调车手信号中的停车信号、减速信号的显示含义和显示方式参考本表第 1 条和第 2 条</td></tr>
<tr><td rowspan="2">指挥机车向显示人方向来的信号</td><td>昼间</td><td>展开的绿色信号旗在下部左右摇动</td><td></td></tr>
<tr><td>夜间</td><td>绿色灯光在下部左右摇动</td><td></td></tr>
<tr><td>指挥机车向显示人方向稍行移动的信号</td><td>昼间</td><td>拢起的红色信号旗直立平举,再用展开的绿色信号旗左右小动</td><td></td></tr>
</table>

续上表

<table>
<tr><th>序号</th><th>手信号</th><th>显示含义</th><th colspan="3">显示方式</th></tr>
<tr><td rowspan="5">6</td><td rowspan="5">调车手信号</td><td>指挥机车向显示人方向稍行移动的信号</td><td>夜间</td><td>绿色灯光下压数次后，再左右小动</td><td></td></tr>
<tr><td rowspan="2">指挥机车向显示人方向来的信号</td><td>昼间</td><td>展开的绿色信号旗上下摇动</td><td></td></tr>
<tr><td>夜间</td><td>绿色灯光上下摇动</td><td></td></tr>
<tr><td rowspan="2">指挥机车向显示人反方向稍行移动的信号</td><td>昼间</td><td>拢起的红色信号旗直立平举，再用展开的绿色信号旗上下小动</td><td></td></tr>
<tr><td>夜间</td><td>绿色灯光上下小动</td><td></td></tr>
</table>

续上表

序号	手信号	显示含义	显示方式		
7	连结信号	表示连挂作业	昼间	两臂高举头上,使拢起的手信号旗杆成水平末端相接	
			夜间	红、绿色灯光(无绿色灯光的人员,用白色灯光)交互显示数次	
8	十、五、三车距离信号	表示推进车辆的前端距被连挂车辆的距离	昼间	展开的绿色信号旗单臂平伸	
			夜间	绿色灯光	
			在距离停留车十车(约 110 m)时连续下压三次,五车(约 55 m)时连续下压两次,三车(约 33 m)时下压一次		

第三节　线路标志及信号标志

线路标志用以表明铁路线路里程及铁路建筑物的设备状态和位置，以及各级管理机构管界等。线路标志包括：公里标、半公里标，曲线标，圆曲线和缓和曲线的始终点标，桥梁标，隧道（明洞）标，坡度标，以及铁路局、工务段、线路车间、线路工区和供电段的界标。

信号标志是对机车车辆操作人员起指示作用的标志。信号标志包括：警冲标，站界标，预告标，引导员接车地点标，司机鸣笛标，电气化区段的电力机车禁停标，断电标、合电标，接触网终点标，准备降下受电弓标、降下受电弓标、升起受电弓标，作业标，减速地点标，补机终止推进标、机车停车位置标，四显示机车信号接通标，四显示机车信号断开标，轨道电路调谐区标志，级间转换标，通信模式转换标，以及除雪机用的临时信号标志等。

线路、信号标志应设在其内侧距线路中心不小于 3.1 m 处（警冲标除外）。

一、常见线路标志

线路标志，按计算公里方向设在线路左侧。双线区段须另设线路标志时，应设在列车运行方向左侧。

(1)公里标、半公里标：设在一条线路自起点计算每一整公里、半公里处。

(2)曲线标：设在曲线中点处，标明曲线中心里程、半径大小、曲线和缓和曲线长度。

(3)圆曲线和缓和曲线的始终点标：设在直缓、缓圆、圆缓、缓直各点处，标明所向方向为直线、圆曲线或缓和曲线。

(4)桥梁标：设在桥梁两端桥头处，标明桥梁编号、中心里程和长度。

(5)隧道(明洞)标:直接标注在隧道(明洞)两端洞门端墙上,标明隧道号或名称,中心里程和长度。

(6)坡度标:设在线路坡度的变坡点处,两侧各标明其所向方向的上、下坡度值及其长度。

二、常见信号标志

信号标志,设在列车运行方向左侧(警冲标除外)。双线区段的轨道电路调谐区标志设在线路外侧。

(1)警冲标:设在两会合线路线间距离为 4 m 的中间。线间距离不足 4 m 时,设在两线路中心线最大间距的起点处,如图5—1所示。在线路曲线部分所设道岔附近的警冲标与线路中心线间的距离应按限界的加宽增加。

图 5—1 警冲标

(2)站界标:设在双线区间列车运行方向左侧最外方顺向道岔(对向出站道岔的警冲标)外不少于 50 m 处,或邻线进站信号机相对处。

(3)预告标:设在进站信号机及线路所通过信号机外方 900 m、1 000 m 及 1 100 m 处,如图 5—2 所示,但在设有预告或接近信号机及自动闭塞的区段,均不设预告标。

图 5—2　预告标(单位:m)

在双线区间,退行的列车看不见邻线的预告标时,在距站界外 1 100 m 处特设一个预告标。

(4)司机鸣笛标,设在道口、大桥、隧道及视线不良地点的前方 500～1 000 m 处,如图 5—3 所示。在非限鸣区域,司机见此标志须长声鸣笛;在限鸣区域内,司机见此标志应开启灯显示警设备,除遇危及行车安全等情况外,限制鸣笛。

(5)作业标,设在施工线路及其邻线距施工地点两端 500～1 000 m 处,如图 5—4 所示。司机见此标志须长声鸣笛,注意瞭望。

图 5—3　鸣笛标

图 5—4　作业标

(6)减速地点标,设在需要减速地点的两端各 20 m 处。正面表示列车应按规定限速通过地段的始点,背面表示列车应按规定限速通过地段的终点,如图 5—5 所示。

(a)减速始点标　　(b)减速终点标

图 5—5　减速地点标

第四节　听觉信号

听觉信号,长声为 3 s,短声为 1 s,音响间隔为 1 s。重复鸣示时,须间隔 5 s 以上。

机车、自轮运转特种设备作业中提示注意、相互联系等应使用通信设备方式。遇联系不通或危及行车人身安全时,应采用鸣笛方式。机车、自轮运转特种设备常见鸣笛鸣示方式见表 5—8。

表 5—8　机车、自轮运转特种设备常见鸣笛鸣示方式表

名称	鸣示方式	使用时机
起动注意信号	一长声 —	1. 列车起动或机车车辆前进时(双机牵引或使用补机时,本务机车鸣笛后,补机应回答,本务机车再鸣笛一长声后起动) 2. 接近鸣笛标、道口、桥梁、隧道、行人、施工地点或天气不良时 3. 电力机车、自轮运转特种设备在检修及整备中,准备降下或升起受电弓时
退行信号	二长声 — —	列车、机车车辆、单机开始退行时
召集信号	三长声 — — —	要求防护人员撤回时
牵引信号	一长一短声 — ·	途中本务机车要求补机牵引运行时(补机应以同样信号回答)
警报信号	一长三短声 — · · ·	发现线路有危及行车安全的不良处所时
试验自动制动机及复示信号	一短声 ·	1. 试验制动机开始减压时 2. 接到试验制动结束的手信号,回答试风人员时 3. 调车作业中,表示已接受调车长所发出的手信号时
缓解及溜放信号	二短声 · ·	1. 试验制动机缓解时 2. 要求列车乘务组缓解人力制动机时 3. 复示溜放调车信号时
拧紧人力制动机	三短声 · · ·	1. 要求列车乘务组拧紧人力制动机时 2. 要求就地制动时
紧急停车信号	连续短声 · · · · · · ·	司机发现(或接到通知)邻线发生障碍,向邻线上运行的列车发出紧急停车信号时。邻线列车司机听到此种信号后,应紧急停车

注:表中“—”表示长声,“·”表示短声。

第六章　一次出乘作业标准

一、出乘前准备

1. 司机出乘前 24 h 内休息时间不得少于 6 h；在 0：00～6：00 值乘的，出乘前 12 h 内待乘休息不少于 4 h，出车前预留不少于 1 h做准备工作（应急抢修除外）。

2. 值乘人员按规定整洁着装，严禁酒后出乘。

3. 证件须齐全：

(1)正、副司机的 L1 或 L3 类《铁路机车车辆驾驶证》及记载年度鉴定信息的《铁路岗位培训电子证书》二维码。持有 L1 或 L3 类《理论考试合格证明》的副驾驶人员，应携带相应的《理论考试合格证明》。

(2)轨道作业车《年检合格证》。

(3)车轴探伤、车钩探伤和制动部件校验合格证(或记录)。

(4)GYK、CIR 和其他车载设备的检测合格证。

4. 认真核对运行揭示，掌握有关安全注意事项，结合作业内容、运行区段、天气等情况，做好安全预想，并记录于《轨道作业车工作日志》。

5. 按规定备齐相关随车资料和安全备品。

二、运行前的检查与试验

出乘前，司机、副司机按规定顺序对车辆进行全面检查，并将检查情况记录在《轨道作业车工作日志》上。

1. 按规定对车辆走行系统、车钩缓冲装置、基础制动装置等进行全面检查。

2. 对工具、行车安全备品、灭火器、起复工具等完好齐全情况进行检查。

3. 发动机启动前检查燃油、冷却水是否充足，机油油面是否符合规定要求，水泵轴是否松动，风扇、空压机皮带的挠度是否符合规定。

4. 出乘(库)前 15 min 启动发动机，启动时应拧紧人力制动机，变速杆置空挡位，踏下离合器踏板以减轻启动时的负荷。

5. 启动时间一般不超过 10 s，再次启动间隔时间应大于60 s。若发动机连续 3 次不能启动，应全面检查，排除故障后再启动。

6. 发动机启动后，低速运转一段时间，待发动机预热及各仪表显示正常后，检查仪表显示情况，进行电气动作试验。

7. 开启 GYK、列车无线调度通信设备，按规定进行功能检查及试验。将相关数据按规定输入 GYK。

8. 按规定进行制动机试验，确认制动性能良好。

9. 发现设备故障应及时消除。如故障需检修人员检修时，应积极配合。

10. 多车连挂时应对连挂情况进行检查。附挂有轨道平车时，应对轨道平车及货物装载状态和绑扎情况进行检查。

11. 出乘(库)前须执行车机联控。

12. 确认车上人员齐全，车上物品放置稳固，撤除防溜、防护后，方可动车。

三、库内车辆摘解与连挂

1. 摘解时，确认防溜措施由专人负责，并须严格执行“一关前后折角塞门、二摘风管、三提钩”的作业程序。

2. 连挂时，指定专人按规定使用手信号进行引导，司机必须严格执行信号显示的要求，按“十、五、三车”距离控制速度，距被挂车 10 m 前、2 m 处两度停车，接近被连挂车辆时不得超过5 km/h。

3. 挂车作业须严格执行“一试拉、二接风、三开前后折角塞门、四试风、五撤防溜(松人力制动机)”的作业程序。

四、出库走行

1. 将GYK转入目视行车模式,确认出库信号及进路开放后,鸣笛启动轨道作业车,副司机立岗。连挂运行时,本务机和补机在动车前应执行有关鸣笛及应答回示的规定。

2. 动车前,应确认相关人员处于安全处所,防溜、防护撤除,车辆左右两旁及前方无障碍物方可动车,并注意邻线人员、车辆移动情况。库内走行严守速度规定。

3. 严禁反向驾驶,不得中断瞭望,正、副司机按规定执行呼唤应答。

五、车站开车

1. 检查全列的编组、装载情况,正确输入GYK参数。

2. 开车前,须进行制动机简略试验。

3. 启动前,正、副司机应共用确认行车凭证、发车信号显示正确,执行车机联控,鸣笛(限鸣地点除外)后动车。连挂运行时,本务机和补机在动车前应执行有关鸣笛及应答回示的规定。

4. 启动后,应进行后部瞭望确认列车启动正常。

5. 在规定地点按压GYK“开车”键。

六、途中运行

1. 司机须严格执行一次出乘、呼唤应答和车机联控等作业标准,规范操纵轨道作业车。

2. 司机应集中精力、谨慎驾驶,严格执行“彻底瞭望、确认信号、准确呼唤、手比眼看”的“十六字令”,遵守各种允许及限制速度，严禁超速和臆测行车；时刻注意线路状况，随时检查各仪表状态，遇有异响、异味、走行制动系统等与安全有关的总成或部件异常、信号显示不明、地面信号机和机车信号显示不一致、危及行车和人身安全时，应立即采取减速或停车等必要的安全措施。

3. GYK、列车无线调度通信设备应全程运转，严禁擅自关机或变相关机。安装两套 CIR 设备时，操作端的 CIR 设备应设置为“本务机”状态，非操作端的 CIR 设备应设置为“补机”状态。

4. 在坡道上的运行：

(1)在坡度较小的线路上，车辆启动后应及时加速，达到所需要的运行速度后，适当调整轨道作业车牵引力，以保证匀速运行。

(2)在起伏坡道上运行时，应充分利用线路纵断面的有利地形，提早加速，坡底抢速，保证以较高的速度通过坡顶。

(3)在长大上坡道运行时，应采用“先闯后爬，闯爬结合”的操作办法，坡前提早减挡以增大牵引力，坡中及时调整挡位，防止空转、打滑及发动机过热等现象。

(4)在长大下坡道运行时，司机应适时使用制动机，防止超速，不得关闭发动机，机械传动轨道作业车不得空挡运行。

5. 运行接近和通过车站、鸣笛标、道口、桥梁、隧道、路堑、曲线、行人、施工作业等地点或天气不良时，司机应加强瞭望、按规定鸣笛(限鸣区段除外)；遇恶劣天气，须开启前照灯，适当减速运行。

6. 运行途中发生非正常情况，司机须严格按照相关规定向车站值班员(列车调度员)报告，并在《轨道作业车工作日志》上作好记录，根据实际情况掌握运行速度；需要防护时，按规定进行防护。

7. 夜间运行时按规定显示列车标志，前端一个白色灯光，后端一个红色灯光。

七、进站

(一)车站通过

1. 在规定呼叫地点前与前方车站进行车机联控,提前掌握进站信息。

2. 司机和副司机必须共同确认信号显示,并严格按照信号显示要求运行。

3. 每次进站前还须查询制动主管风压是否正常,发现异常应立即采取停车措施。

4. 引导接车时,要分清人工引导、机械引导和特定引导方式。司机和副司机必须共同确认引导信号显示正确后,按规定速度通过引导信号。

5. 引导接车后需从车站通过时,若前方区间停止基本闭塞改用电话闭塞时,凭车站值班员显示的通过手信号和递交的路票进入下一个运行区间。若出站(发车进路)信号机已开放时,凭出站(发车进路)信号机的显示运行。

(二)进站停车

1. 进站停车时,按规定速度进站,并随时做好停车准备。

2. 轨道作业车在驻地停留,全部车辆须停在警冲标内方,设有调车信号时,须停在该信号机内方,无特殊情况不得压轨道绝缘;按规定采取防溜措施,并按规定检查和保养车辆,及时上报故障情况和安全隐患。

3. 在车站停留时间超过 20 min 时,值乘人员(包含轨道作业车各车司机、作业机构操作人员、随车检修人员、指导司机)应在保证人身安全的前提下,下车重点检查走行系统、制动系统、轴箱温度、车钩连结、作业机构状态和装载加固等情况,并观察各部有无漏油、漏水、漏风情况。再开车时,司机应按规定进行制动机简略试验。

4. 在站内停车待避时，应进行保压制动；在车站停机等待时，应按规定设置防溜，正、副司机不得同时离车。

（三）停车过夜

在车站或停留线停留过夜时，应采取防溜措施，拧紧两端车辆的人力制动机，两端车辆用铁鞋双向止轮并加锁防盗，夜间车组两端以双面红色信号灯光防护，并派人值守。

八、中间站作业

（一）摘解连挂

1. 摘解时，确认防溜措施应由专人负责，须严格执行"一关前后折角塞门、二摘风管、三提钩"的作业程序。在车辆走行时禁止人员进入道心，摘挂风管时不准双足同时进入道心。

2. 车辆连挂时，一般应轻车挂重车。在坡度超过 6‰ 的线路上连挂时，严禁顺坡连挂，禁止两个车同时挂一个车。

3. 确认被挂车具备连挂条件，司机严格按"十、五、三车"距离控制速度，执行呼唤应答，连挂时按规定引导，距被挂车 10 m 前、2 m 处两度停车。

4. 应认真检查第一位被连挂车辆的车钩和风管，做好防溜措施，确认无防护信号后显示连挂信号。

5. 司机不间断瞭望信号，平稳连挂，按调车指挥人员显示的试拉信号鸣笛后试拉，连挂完毕，本务机保持制动。连挂时须严格执行"一试拉、二接风、三开前后折角塞门、四试风、五撤防溜（松人力制动机）"的作业程序。

6. 双机、多机连挂运行时，制动型式必须相同。连挂工作由专人负责指挥。连挂完毕后，须进行全列制动试验，确认制动性能良好方可行驶。编组运行时，应将大功率或重载车编在前，轻车在后，第一位为本务机，各车司机应加强联系。

(二)调车作业

1. 轨道作业车在中间站转线、编组时按调车办理。轨道作业车不得担当除本列以外的调车作业。

2. 司机应熟悉站场线路、信号机位置等站场设施,严格执行调车相关规定,并遵守所在车站站细等相关要求。

3. 调车信号开放后或调车手信号显示后,司机方可将 GYK 设置为“调车模式”,调车结束后应退出“调车模式”。

4. 调车作业前,正、副司机须共同确认行车凭证、调车进路和动车信号正确无误,与车站联控确认调车进路、开行方向。

5. 调车计划不清、信号(指令)显示不清、随意变更计划或股道不清、未联控或联控不彻底时,严禁进行调车作业。

6. 严禁反向驾驶,不得中断瞭望,防止冒进信号或越出站界;需越出站界调车时,严格按有关规定办理。

7. 严格执行调车作业限速、道岔限速、线路限速要求。

8. 调车作业进路首架调车信号,正、副司机应在停车状态下执行“探头手比、呼唤应答”确认制度。停车位置距前方信号机不足 10 m 且瞭望不清时,副司机应下车确认,并注意避让邻线列车。

9. 调车指挥人员昼间使用信号旗,夜间使用信号灯。无线通信设备可作为提示注意、相互联系的辅助手段。

10. 司机须准确掌握速度及安全距离。在空线上牵引运行时,不得超过 40 km/h;推进运行时,不得超过 30 km/h;调动有乘坐人员或装载爆炸品、气体类危险货物、超限货物的车辆时,不得超过 15 km/h;遇有天气不良等情况,应适当降低速度;在尽头线上调车时,距线路终端应有 10 m 的安全距离;遇特殊情况需近于 10 m 时,应严格控制运行速度。

11. 在非集中区进行调车作业时,司机应严格执行“要道还道”制度,确认扳道人员显示信号、道岔标志、股道信号、道岔开通信号及位置、调车指挥人的启动信号后,方可动车。

九、区间作业

(一)施工列车

进入封锁区间施工作业时,应遵守下列规定:

1. 施工列车进入封锁区间的行车凭证为调度命令。调度命令应包括列车车次、停车地点、到达车站的时刻等有关事项,需限速运行时在命令中一并注明。施工列车在封锁区间内作业,不得超过调度命令准许的时间。

2. 轨道作业车进入施工地段时,应在施工防护人员显示的停车手信号前停车,再根据施工负责人的要求,按调车办法,进入指定地点。

3. 夜间作业时,现场应配备足够的照明设备。

4. 在封锁区间各自运行时,须正确设置GYK控制模式,续行间隔不得小于300 m,续行速度不得超过40 km/h,遇小半径曲线地段、恶劣天气等瞭望条件不良时续行速度不得超过20 km/h,并做好随时停车的准备。各车司机应保持前后车的联络通畅,当途中停车时,应立即通知后续车辆,提醒注意并通报停车地点。

5. 在封锁区间作业时,各轨道作业车须保持10 m以上安全距离。

6. 作业中(含停车时),司机不得擅离岗位。

7. 作业中,值乘人员应严格按规程操作起重装置和作业机构,相关人员须时刻注意人身安全。

8. 作业中需移动车辆时,司机应听从施工负责人指挥,确认各作业机构和作业人员处于安全位置。

9. 连挂时,连挂车辆、被挂车辆的司机应进行联控,被挂车辆司机应准确报告停车位置,连挂车辆正、副司机应共同确认被挂车辆停留位置,联系不彻底、被挂车辆位置不清时,严禁动车;连挂作业时,被挂车辆须派专人在来车方向进行防护;连挂完毕,本务机须检查试验整列制动主管的贯通状态。

10. 作业完毕返回时，进站前须机外停车，确认行车凭证、道岔进路、信号显示正确后方可进站。

11. 遇右侧设置信号机、进路表示器等特殊信号，反方向运行、瞭望条件不良等特殊情况和综合维修一体化作业时，司机在班前分工时，应充分进行安全预想，知悉轨道作业车的作业任务、施工地点、封锁区间、计划封锁时间、运行作业安全措施等内容。

12. 作业结束后，司机应确认各作业机构复位并锁定良好、作业人员处于安全位置，方可动车返回。

13. 区间作业完毕重新编组或紧急制动后再开车时，司机须检查制动主管的贯通状态，确认车组完整，具备开车条件后，方可动车。

(二)起重作业

1. 须指派胜任人员担任现场指挥，指定专人负责防护。

2. 操作起重机的人员必须取得相应的资格。在电气化区段接触网下作业时，需申请接触网停电。

3. 双线或多线并行区段作业，邻线未封锁时，正确使用限位装置，不得侵入邻线建筑限界，邻线有列车通过时应停止作业。

4. 吊装前应确认力矩限制器、制动器、吊钩、绳索等工作状态良好。

5. 吊装时按规定使用支腿，严禁超载、偏载作业。

6. 高层摘挂应使用长杆挑钩，登高作业应确认攀登物牢固。

7. 两台或多台起重装置配合作业时须保持动作同步，升降、回转、变幅操作须分步进行。

8. 单钩起吊物料时，起吊前应拴挂方向绳，防止物料在空中转动。

9. 作业完毕后，须将吊臂和支腿完全复位并确认锁定、不超限界，确认具备运行条件后，方可动车。

(三)装卸作业

1. 应指派装卸车负责人,指定专人负责防护。

2. 邻线来车时,应停止装卸作业。

3. 卸车时不得偏卸,卸下的物料不得侵入本线或邻线建筑限界。

4. 在电气化区段装卸长大物料时,不得高抬翻转,严禁竖立,并应注意避开接触网设备。

5. 按载重和集重有关要求装载,不得偏载,不准超限。

6. 装载货物应稳固,未达到装载加固要求,不得动车。

7. 跨装长大物件应使用货物转向架。

十、入库作业

1. 将 GYK 转入目视行车模式,确认信号(进路)开放后,副司机立岗,执行呼唤应答、车机联控制度。

2. 入库时要严守速度,转入段管线时“一度停车”,确认手扳道岔进路。

3. 入库停车后,做好车辆的防溜工作,按规定程序转储 GYK 运行数据,并及时上报。

十一、收车后检查

1. 整理《轨道作业车工作日志》、台账等资料,并放置在规定位置。

2. 清洁车辆内、外部,清除底盘机件上的污垢。在电化区段的接触网下部,严禁用水冲洗车辆,以免发生触电伤害。

3. 排放各风缸、油水分离器及管路中的积水、油污、尘土、锈垢等。

4. 检查各部有无漏水、漏油、漏电和漏气现象,有无机件丢失。

5. 检查燃油箱油量,并按规定加足燃油,加油时做好防火工作。

6. 冬季必须放尽散热器和发动机内的冷却水,防止冻裂水箱和发动机(加注防冻液的发动机除外)。

7. 将发现的故障排除或及时上报,并做好清洁、调整、紧固和润滑工作。

8. 离车时将各开关断开,手柄置于规定位置,断开蓄电池闸刀。打扫车内外卫生,锁闭门、窗,做好防火、防盗工作。

第七章　车机联控与呼唤应答标准

第一节　车机联控作业标准与要求

一、术语与定义

1. 车机联控：车务、机务等行车有关人员使用列车无线调度通信设备，按规定联络，提示行车安全信息、确认行车要求的互控方式。

2. 呼叫人：在车机联控作业中首先进行呼叫的一方。

3. 被呼叫人：在车机联控作业中被呼叫后进行应答的一方。

4. 复诵人：在车机联控作业中被呼叫或回应（应答）后进行重复应答的一方。

二、所使用设备

车机联控使用的设备包括：列车无线调度通信系统的调度台、车站电台、机车电台、便携电台、铁路数字移动通信系统（GMS-R）的调度台、值班台、手持终端、通信记录装置等，投入使用的设备应保持设备状态良好。

上线运行的自轮运转特种设备应装设列车无线调度通信车载设备，司机等参与车机联控的有关人员应配备列车无线调度通信便携设备。

三、作业人员要求

参与车机联控的人员应经过培训，能够正确使用列车无线调度通信设备，掌握车机联控的作业标准，严格按照标准作业。

四、车机联控基本要求

车机联控应逐站逐列呼唤应答,使用普通话,做到用语准确、吐字清晰。遇到数字“0”“1”“2”“7”可读“dong(洞)”“yao(幺)”“liang(两)”“guai(拐)”。

五、车机联控作业标准

不同情形时的车机联控时机及联控用语见表7—1。

表7—1　车机联控时机及联控用语

<table>
<tr><th>呼叫时机</th><th colspan="3">联控用语</th><th>备　注</th></tr>
<tr><td rowspan="4">正常接车:半自动闭塞区段(双线反方向行车时),列车在规定的呼叫点</td><td>作业人</td><td>列车司机</td><td>车站值班员</td><td rowspan="4">(1)有两个及以上运行方向的车站,列车通过时应在联控用语后增加“去××方向”
(2)“( )”内的字可省略,“[ ]”的字与黑体字根据实际情况选择,下同</td></tr>
<tr><td>呼叫人</td><td>××(站)××(次)接近</td><td></td></tr>
<tr><td>被呼叫人</td><td></td><td>××(次)××(站)×道通过[停车]</td></tr>
<tr><td>复诵人</td><td>××(次)×道通过[停车]司机明白</td><td></td></tr>
<tr><td rowspan="4">机外停车后接车:列车机外停车再开,信号开放后</td><td>作业人</td><td>车站值班员</td><td>列车司机</td><td rowspan="4">有两个及以上运行方向的车站,列车通过时应在联控用语后增加“去××方向”</td></tr>
<tr><td>呼叫人</td><td rowspan="2">××(次)进站(接车近路)信号好(了),×道通过[停车]</td><td rowspan="2"></td></tr>
<tr><td>被呼叫人</td></tr>
<tr><td></td><td></td><td>××(次)进站(接车近路)信号好(了),×道通过[停车],司机明白</td></tr>
</table>

续上表

呼叫时机	联控用语			备　注
发车：列车站内停车再开或列车始发时，信号开放后	作业人	车站值班员	列车司机	有两个及以上运行方向的车站，应在联控用语后增加“去××方向”
	呼叫人	××(次)×道出站(发车进路)信号好(了)		
	被呼叫人		××(次)×道出站(发车进路)信号好(了)，司机明白	
被迫停车：列车脱轨可能妨碍邻线，列车司机呼叫邻线列车	作业人	列车司机	邻线列车司机	多线区间或枢纽地区，应在联控用语中增加“××站至××站间”
	呼叫人	××(次)在××公里(处)侵限，上、下行列车，立即停车		
	被呼叫人		××(次)在××公里(处)侵限，立即停车，上[下]行××次司机明白	
被迫停车：列车在区间被迫停车或列车脱轨可能妨碍邻线，本务司机呼叫车站	作业人	列车司机	车站值班员	(1)在××公里后应说明被迫停车原因 (2)被迫停车后可能妨碍邻线时应在被迫停车后增加“可能侵入邻线”
	呼叫人	××(站)××(次)在××公里(处)被迫停车		
	被呼叫人		××(次)在××公里(处)被迫停车，××(站)明白	
被迫停车：列车在区间被迫停车，列车司机呼叫追踪列车	作业人	列车司机	追踪列车司机	
	呼叫人	××(站)××(次)在××公里(处)被迫停车，追踪列车注意运行		
	被呼叫人		××在××公里(处)被迫停车，××次追踪列车明白	

续上表

呼叫时机	联控用语			备　注
被迫停车：车站接到列车在区间被迫停车的通知，立即呼叫追踪列车	作业人	车站值班员	追踪列车司机	
	呼叫人	××(次)在××公里(处)被迫停车，××(次)列车注意运行		
	被呼叫人		××(次)在××公里(处)被迫停车，注意运行，××(次)司机明白	
被迫停车：车站接到列车脱轨可能妨碍邻线的通知，立即呼叫邻线列车	作业人	车站值班员	邻线列车司机	
	呼叫人	××(次)列车立即停车，××(次)在××公里(处)侵限		
	被呼叫人		××(次)立即停车，司机明白	
道口发生险情：道口工呼叫列车司机	作业人	道口工	列车司机	(1)在多线区间或枢纽地区，应在联控用语中增加“××站至××站间” (2)如知道车次时呼叫××(次) (3)若道口上下行都发生险情，上[下]应为“上、下”
	呼叫人	××公里道口发生险情，上[下]行接近列车立即停车		
	被呼叫人		××(次)立即停车，司机明白	
线路发生险情：巡守人员呼叫列车司机	作业人	巡守人员	列车司机	(1)如知道车次时呼叫××(次) (2)若上下行都发生险情，上[下]应为“上、下”
	呼叫人	××线××公里(处)线路发生险情，上[下]行线接近列车立即停车		
	被呼叫人		××(次)立即停车，司机明白	

续上表

呼叫时机	联控用语			备　注
列车临时机外停车：列车接近前，车站值班员主动呼叫列车司机	作业人	车站值班员	列车司机	
	呼叫人	××（次）××（站）机外停车		
	被呼叫人		××（次）××（站）机外停车，司机明白	
车站引导接车：列车接近前，车站值班员主动呼叫列车司机	作业人	车站值班员	列车司机	（1）有两个及以上运行方向的车站，列车通过时应在联控用语后增加“去××方向” （2）若用手信号引导列车进站，“注意引导信号”应为“注意引导手信号”
	呼叫人	××（次）××（站）引导接车，×道停车（通过），注意引导信号		
	被呼叫人		××（次）××（站）引导接车，×道停车（通过），司机明白	
列车通过严重晃车地段：司机呼叫两端车站	作业人	列车司机	车站值班员	
	呼叫人	××（站）××（次）××公里××米严重晃车		
	被呼叫人		××（次）××公里××米严重晃车，××（站）明白	
列车通过严重晃车地段：车站接到严重晃车信息后，呼叫将通过晃车地段的列车	作业人	车站值班员	列车司机	
	呼叫人	××（次）××公里××米严重晃车，注意运行		
	被呼叫人		××（次）××公里××米严重晃车，注意运行，司机明白	

第二节 “十六字令”与呼唤应答标准

呼唤应答是轨道作业车乘务人员对车辆状态、线路状况和信号显示等相互提示、提醒的标准用语,以确保一次出乘作业过程的行车作业安全。本标准参照《铁路机车操作规则》和部分铁路局集团公司制定的“呼唤应答标准”编写而成,供学习参考,用语和复诵要求非统一性规范,但需准确表达意思。

一、安全操作“十六字令”

值乘中,正、副司机应集中精力,谨慎驾驶,认真执行“十六字令”及呼唤应答制度,即“彻底瞭望、确认信号、准确呼唤、手比眼看”。

“彻底瞭望”要做到:车动集中看,瞭望不间断;

“确认信号”要做到:听不清就问,看不清就停;

“准确呼唤”要做到:看准再喊,准确无误;

“手比眼看”要做到:呼唤为主,手比为辅。

二、呼唤应答标准

(一)信号确认呼唤时机、手比姿势

1. 作业要领

清晰短促、提示正确、全呼全比、手势正确。

2. 信号确认呼唤时机

应遵循“信号好了不早呼、信号未好提前呼”的原则,瞭望条件良好时,进站(进路)信号不少于 800 m;出站、通过、接近、预告信号不少于 600 m;信号表示器不少于 100 m。

3. 手比姿势

手势如图 7—1 所示,具体含义如下。

(a)

(b)

图 7—1

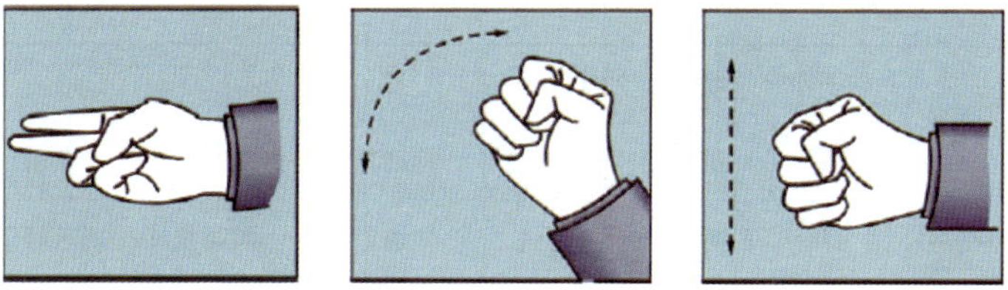

(c)　(d)　(e)

图 7—1　手比姿势示意

(1)信号显示要求正向进路准备停车(显示黄灯)时:右手拢拳伸拇指直立,拳心向左[图 7—1(a)]。

(2)信号显示要求侧向径路运行(显示双黄灯、黄闪黄)时:右手拢拳伸拇指和小指,拳心向左[图 7—1(b)]。

(3)信号显示要求通过(显示绿灯、绿黄灯)时:右手伸出食指和中指并拢,拳心向左,指向确认对象[图 7—1(c)]。

(4)注意警惕运行时:右臂拢拳,大小臂成 90°,举拳与眉齐,拳心向左[图 7—1(d)]。

(5)信号显示要求停车(显示红灯,包括固定和临时)时:右臂拢拳,举拳与眉齐,拳心向左,小臂上下摇动 3 次[图 7—1(e)]。

(6)确认仪表显示时:右手伸出食指和中指并拢,拳心向左,指向相关确认仪表[图 7—1(c)]。

(二)呼唤应答标准用语

1. 出入段(库)及挂车走行呼唤应答标准用语,见表 7—2。

表 7—2　出入段(库)及挂车走行呼唤应答标准用语

呼唤时机及处所	呼唤		应答		复诵	
	呼唤者	标准用语	应答者	标准用语	复诵者	标准用语
轨道作业车启机	司机	启机注意	副司机	启机注意		

续上表

呼唤时机及处所	呼唤		应答		复诵	
	呼唤者	标准用语	应答者	标准用语	复诵者	标准用语
股道信号	副司机	股道信号	司机	×道好了	副司机	×道好了
调车信号	副司机	调车信号	司机	白灯好了 或注意停车	副司机	白灯好了 或注意停车
确认道岔	副司机	道岔注意	司机	道岔开通正确 或停车	副司机	道岔开通正确 或停车
换端操作	副司机	换端操作	司机	防止车溜非 操作端处理 完毕	副司机	防止车溜非 操作端处理 完毕

2. 发车准备与发车呼唤应答标准用语，见表7—3。

表7—3　发车准备与发车呼唤应答标准用语

呼唤时机及处所	呼唤		应答		复诵	
	呼唤者	标准用语	应答者	标准用语	复诵者	标准用语
制动机试验	副司机	制动 缓解	司机	制动 缓解 制动试验良好	副司机	制动试验良好
撤除防溜	司机	撤除防溜	副司机	防溜已撤除	司机	防溜已撤除
出站(发车进路)信号	副司机	出站(发车进路)信号	司机	出站(发车进路)信号好了	副司机	出站(发车进路)信号好了
发车信号	副司机	发车信号	司机	发车信号好了	副司机	发车信号好了
列车启动后	副司机	后部注意	司机	后部好了	副司机	后部好了

3. 途中走行呼唤应答标准用语，见表 7—4。

表 7—4　途中走行呼唤应答标准用语

呼唤时机及处所	呼唤		应答		复诵	
	呼唤者	标准用语	应答者	标准用语	复诵者	标准用语
限速地段	副司机	慢行注意	司机	限速××公里	副司机	限速××公里
慢行减速地点（始端）标	副司机	减速始点标	司机	减速始点标，慢行开始		
慢行减速地点（终端）标	副司机	减速终点标	司机	减速终点标，严守速度		
列车尾部通过慢行减速地点（终端）标	副司机	尾部过标，慢行结束	司机	尾部过标，慢行结束		
预告信号	副司机	预告信号	司机	预告好了 注意信号	副司机	预告好了 注意信号
引导进站	副司机	引导信号	司机	信号好了 机外停车	副司机	信号好了 机外停车
进站（或进路）信号	副司机	进站（或进路）信号	司机	通过 进路好了 正线 侧线 机外停车	副司机	通过 进路好了 正线 侧线 机外停车
通过手信号	副司机	通过手信号	司机	信号好了 站内停车	副司机	信号好了 站内停车
接近道口	副司机	道口注意	司机	道口注意		

第八章　制动机的使用

轨道作业车的制动系统是行车安全的重要保证，司机应熟悉各部件的作用和安装位置，按规定进行制动机试验，确认制动系统性能。目前，多数轨道作业车配备的均是JZ-7型制动机，本章节以JZ-7型制动机为例介绍制动机的操作和使用。

第一节　JZ-7型制动机的性能与操作

一、性能特点

（一）客、货车两用

客、货车两用是指JZ-7型制动机既可以阶段缓解，也可以一次性缓解。当客、货车转换阀在客车位，分配阀转换盖板置于阶段缓解位时，制动机具有阶段缓解的性能。JZ-7型制动机在使用中，应将客、货车转换阀置于“货车位”，分配阀转换盖板置于一次缓解位置。

（二）自动保压

自阀在制动区（最小减压位～最大减压位）时，手柄的每一个位置对应一个减压量。制动时，根据自阀手柄所在的位置对均衡风缸进行减压，当均衡风缸的压力达到自阀所在位置对应的压力时，均衡风缸停止减压，实行自动保压。

（三）自阀设有过充位置

自阀在过充位时，制动管产生高于定压30～40 kPa的过充量，可以提高制动管的充气速度，缩短列车的初充气和再充气的时间。

（四）自阀设有过量减压量位

自阀在该位置时均衡风缸减压240～260 kPa。当制动管和车辆总(副)风缸发生充风不足时,自阀放置此位置,可以利用车辆总(副)风缸现有的压力空气进行有效的制动。

(五)二压力和三压力的混合式结构

分配阀采用二压力和三压力的混合式结构,使制动机既具备阶段缓解性,也具备一次缓解性能。

(六)副阀的局减作用

分配阀的副阀具有局减作用。因此,无论轨道作业车连挂于列车中的任何位置,当施行小减压量制动时,车辆均能产生有效的制动作用。

(七)作用阀具有自动保压性能

在制动保压后,制动缸有泄漏时能够自动进行补偿,具有良好的制动不衰竭性。同时,制动缸的压力不因其容积或轨道作业车连挂位置的不同而改变。

(八)检修方便

JZ-7 型制动机在结构上采用橡胶膜板、柱塞阀、O 形圈等密封方法,提高了密封效果,方便了检修,延长了检修期,增加了制动机的可靠性。

(九)操作轻便

自阀和单阀的操作机构均采用了凸轮结构,制动手柄移动轻便灵活,且减压量不受温度的影响。

二、使用注意事项

1. 轨道作业车出乘前,必须对制动机进行试验。检查制动机各部作用是否良好,确认制动机良好后,方可上线运行。

2. 牵引列车时,还必须按《铁路技术管理规程(普速铁路部分)》《铁路技术管理规程(高速铁路部分)》规定对全列车进行制动机试验(轨道作业车单机或牵引车辆开行路用列车时,虽不完全具备列车条件,仍按列车办理)。在车站进行制动机试验时,由车组人员负责确认制动管的贯通状态及各车辆制动机是否良好,发现异常或制动管漏泄超过规定时,严禁动车,应查找故障原因并排除故障,经试验正常后方可行车。

3. 列车运行途中,根据轨道车运行控制设备(GYK)显示的线路坡度控制好运行速度,尽量减少不必要的制动次数,以防延误制动时机。

4. 制动调速时,应根据列车速度、线路纵断面、牵引辆数和吨数等条件,准确掌握制动时机、制动距离和减压量,保持列车均匀减速,防止列车冲动。进入站内停车时,站外调速是关键,既要保证过道岔时不得高于规定速度,又要保证下次减压时,制动管充风能达到定压,不致发生制动力失效或减弱。牵引车辆时,不应使用单阀制动停车。

5. 运行中随时检查总风缸、制动主管的压力,发现制动主管压力急剧下降、波动或空气压缩机不工作及长时间泵风不止时,应迅速停止向制动主管充风,解除牵引力,及时采取停车措施,并立即向车站值班员或列车调度员报告。

6. 车上配有两套单阀和自阀手柄时,应将多余的一套放在工具箱内,用一套手柄进行操作。换端时,应先将自阀手柄移到过量减压位,保压完成后再移至取柄位取出手柄,严禁只取走单阀手柄至操作端进行操作。

7. 牵引、补机或无火回送时,司机应根据轨道作业车在车列中所处的位置和其运行性质,对制动机做适当处理:

(1)担当本务机时

自阀和单阀手柄均置于操作端,无火回送塞门处于自牵引位(关闭位)。自阀控制全列车的制动与缓解,单阀仅控制本务机的制动与缓解。

(2)担当补机时

自阀和单阀手柄均置于取柄位并取出手柄,无火回送塞门处于自牵引位(关闭位)。

(3)无火回送时

自阀和单阀手柄均置于取柄位并取出手柄,无火回送塞门此时应处于无火位(开启位),同时将分配阀的常用限压阀限制压力调整为245 kPa。

三、列车运行中制动机的操作

(一)调速或停车时的操作

1. 自阀初次减压量不得少于50 kPa;追加减压一般不超过两次,一次追加减压量不得超过初次减压量,累计减压量不应超过最大有效减压量。

2. 自阀减压时,排风未止不应继续追加减压或缓解列车制动,以防抻钩。

3. 长大下坡道区段因受空压机打风速度、牵引重量及辆数等影响充风时间的诸多因素限制,制动后需要缓解时,必须严格掌握运行速度,不得过高,以防发生放飏事故。

4. 少量减压停车后,应追加减压至100 kPa,防止监控装置防溜功能动作。

5. 轨道作业车在站停车超过20 min,开车前应进行自动制动机的简略试验。

(二)紧急制动时的操作

遇有信号显示不明或危急行车及人身安全的突发情况时,司机应立即采取紧急停车措施,将自阀手柄推向紧急制动位,机械传动轨道作业车同时应迅速踩下离合器踏板,切断牵引动力,并将变速杆置于空挡位。车未停稳,严禁移动自阀和单阀手柄。实施紧急制动后,应对走行系统、基础制动装置和车钩等进行检查并进行制动机试验,确认无损后方可继续运行。

第二节 JZ-7 型制动机的检查试验

JZ-7 型制动机检查试验主要分为“五步闸”试验与简略试验，“五步闸”一般在轨道作业车出库前完成，主要是根据自、单阀手柄各位置的作用，通过观察各压力表压力的变化来检查各部件作用状态，以便发现问题、分析原因、判断并处理故障；简略试验一般是在列车整备待发前或换端操作后完成，主要用于检查整列车的制动机性能，保证列车的运行安全。

一、五步闸试验

1. 试验过程

JZ-7 型制动机“五步闸”试验过程如图 8—1 所示。

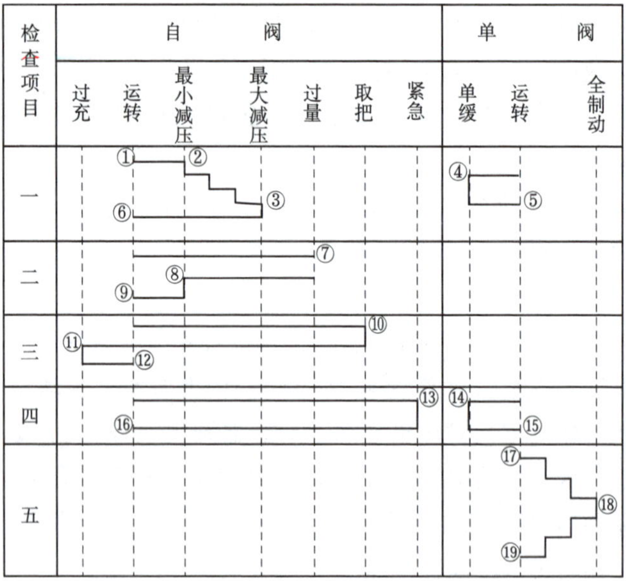

图 8—1 “五步闸”试验过程示意

2. 试验步骤和标准

(1)第一步：

①检查自、单阀手柄均在运转位，客、货车转换阀应在“货车位”，检查各压力表指针指示压力：总风缸压力为 700～800 kPa，均衡风缸、制动管压力均为 500 kPa，制动缸压力为 0 kPa。

②自阀手柄移至最小减压位，制动管、均衡风缸均应减压50 kPa，制动缸压力应为 125 kPa 左右；制动管泄露量每分钟不超过 20 kPa。

③自阀手柄在制动区分 3～4 次阶段移至最大减压位，观察阶段制动作用是否稳定，减压量与制动缸压力上升比例是否正确(1∶2.5)，最大减压位时，制动管减压量为 140 kPa，制动缸压力应为 340～360 kPa。

④单阀手柄移至单独缓解位，检查单独缓解作用是否良好，制动缸压力应能缓解到 50 kPa 以下。

⑤检查单阀复原弹簧作用良否。

⑥自阀手柄由最大减压位移回运转位，检查自阀缓解作用良否，均衡风缸及制动管压力应恢复定压，制动缸压力下降为 0 kPa。

(2)第二步：

⑦自阀手柄移至过量减压位，检查均衡风缸、制动管减压量均应在 240～260 kPa，制动缸压力应为 340～360 kPa，不应引起紧急制动。

⑧自阀手柄由过量减压位移至最小减压位，检查均衡风缸压力应上升，而制动管保持原压力，总风遮断阀作用是否良好。

⑨自阀手柄移回运转位，检查缓解作用是否良好，各压力表压力恢复正常。

(3)第三步：

⑩自阀手柄移至手柄取出位，检查均衡风缸减压量应为 240～260 kPa，制动管不减压，中继阀自锁作用良好。

⑪自阀手柄移至过充位，检查过充作用是否良好，制动管应得到比规定压力高 30～40 kPa 的过充压力，过充风缸上的排气孔应排气。

⑫自阀手柄移回运转位，制动管内的过充压力应在 122 s 以后自动消除，机车不应引起自然制动。

(4)第四步：

⑬自阀手柄移至紧急制动位，制动管压力应 3 s 内降至零，制动缸压力应在 5～7 s 内升至 420～450 kPa，均衡风缸减压量应为 240～260 kPa，撒砂装置应自动撒砂。

⑭单阀手柄移至单缓位，放置 12～15 s 制动缸压力应开始下降，并能缓解到零。

⑮检查单阀复原弹簧作用良否，制动缸压力不应回升。

⑯自阀手柄移回运转位，检查缓解作用是否良好，各压力表压力恢复正常。

(5)第五步：

⑰单阀手柄移到制动区某处，检查单独制动作用是否良好，制动缸压力应上升。

⑱单阀手柄在制动区分 2～3 次阶段移至全制动位，检查单阀阶段制动作用是否稳定，制动缸压力应达 300 kPa。

⑲单阀手柄从全制动位分 2～3 次阶段移回运转位，检查单阀阶段缓解作用是否稳定。

二、简略试验

制动管达到 500 kPa 压力后，自阀减压 140 kPa，并保压 1 min。一是检查制动管贯通状态，确认列车最后一辆车发生制动作用；二是检查制动管泄漏量在 1 min 内不得超过 20 kPa；三是在司机未进行缓解前，全列车中不得有车辆发生自然缓解。

检查制动管贯通状态时，当列车尾部有轨道作业车时，由处于尾部的轨道作业车司机负责，并通过列车无线调度通信设备与本务机司机进行车机联控，通报制动管管压。当列车中无其他轨道作业车时，由副司机到列车尾部进行确认，用手信号或对讲机与司机联系制动、缓解，同时监听各部有无漏风声或自然缓解声。

第九章　驾驶操作

第一节　机械传动轨道作业车驾驶操作

一、准备工作

（一）非操作端处理

1. 各开关置于关闭位或中立位，油门手柄置于最低位，变速杆置于空挡位。

2. 自阀保压制动后从取柄位取出手柄，单阀从运转位取出手柄。

3. 取出点火钥匙，闭合电源总开关，电源转换开关置于操作端。

（二）启机操作

1. 单阀手柄从运转位放入并移至制动区，自阀手柄从取柄位放入并移至运转位。

2. 确认各开关置于关闭位或中立位，油门手柄置于最低位，变速杆置于空挡位。插入点火钥匙，打开点火开关至电源位（Ⅰ挡），机油压力报警灯亮，空挡指示灯亮。

3. 踩下离合器，鸣笛一长声，将点火开关置于启动位（Ⅱ挡），起动指示灯亮，发动机启动后，应立即松开钥匙，起动指示灯灭，机油压力报警灯灭。如果起动指示灯未熄灭，应立即关闭点火开关，排除故障后再次启动。

4. 如果发动机不能在 10 s 内启动，应松开点火钥匙，间隔不少于 60 s 后再进行二次启动。如连续 3 次仍无法启动，则应排除故障后再次启动。

(三)检查与试验

1. 启机后,检查各仪表、指示灯显示是否正常。在发动机运转过程中,应密切关注机油压力和冷却水温是否符合要求。

2. 待总风缸、制动管、均衡风缸压力充至定压后,松开人力制动机,按规定进行制动机性能试验。

二、驾驶操作

(一)换向操作

1. 根据行驶方向将换向开关置于相应位置,此时对应的指示灯应点亮。若出现“齿顶齿”现象(前进或后退指示灯不亮),可通过挂挡的方式进行消除。

2. 长距离附挂运行时,应将换向机械装置锁定在中立位。避免换向箱一轴滑动齿轮因车辆冲击、振动等原因挂上二、三轴齿轮,导致变速箱损坏。

3. 严禁车辆在运行中进行换向操作,即车辆必须完全停稳后,方可进行换向操作。连挂运行担当补机时,运行前应将换向开关打至运行方向。

4. 当气动换向机构损坏无法正常换向时,可通过手动换向和机械锁定装置实现应急换向:首先关闭换向箱截断塞门,然后排除换向气缸内残余气体,再使用手动换向杆将转臂扳至所需位置并锁定。

5. 注意:为保证行车安全和设备安全,正常运行时应先换向再挂挡,严禁挂挡后再换向。

(二)离合器操作

1. 摘挂挡时均需踩下离合器,操作要领是快踩慢抬:即踩下时要快,让离合器彻底分离;抬起时要慢,以防止车辆冲动。

2. 连挂时,应适时采用离合器半联动的方式控制车速。

（三）挡位操作

1. 挡位分布

挡位分布如图 9—1 所示。

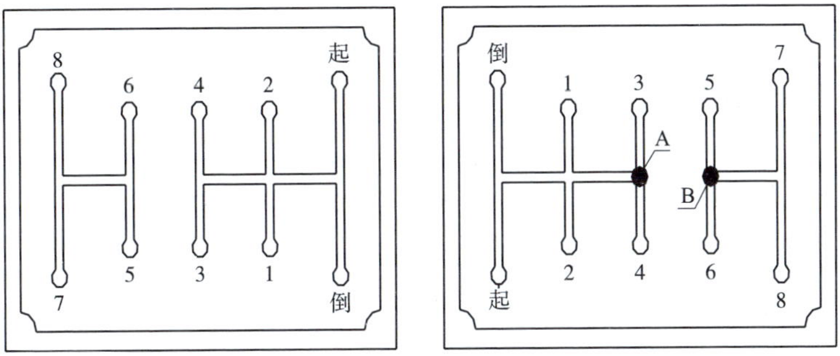

（a）Ⅰ位端　　（b）Ⅱ位端

图 9—1　挡位分布示意

以Ⅱ位端为例，低挡区的最左侧是倒挡和起步挡，最右侧是 3、4 挡，中间是 1、2 挡；高挡区的最左侧是 5、6 挡，最右侧是 7、8 挡。

变速杆在低挡区自由状态时，停留在 A 位；变速杆在高挡区自由状态时，停留在 B 位。

2. 高、低挡区转换操作

转换时先将变速杆置于空挡位，然后用一定的冲击力左右扳动变速杆。当低挡指示灯点亮时变速杆在低挡区，当低挡指示灯熄灭时变速杆在高挡区。

3. 起步操作

（1）将换向开关置于运行方向，油门置于最低位，离合器踩到底等待 3～4 s（待中间轴转速降低）后挂入起步挡或 1 挡，以免变速箱打齿发响。

（2）缓解制动机，缓慢抬起离合器踏板，使离合器处于半联动状态，待车辆平稳起步后，完全抬起离合器踏板，逐步加大油门。

(3)注意:在坡道上起步时,应先使离合器处于半联动状态,然后再缓解制动机,待车辆缓解后逐步加大油门,防止车辆向后溜逸。

4. 换挡操作

(1)换挡时,迅速踏下离合器踏板,同时降低发动机转速,将变速杆摘至空挡。抬起离合器踏板后再迅速踩下,将变速杆挂至下一级挡位,然后再慢慢抬起离合器踏板,同时逐渐加大油门。注意:换挡操作原则上应逐级换挡,严禁跳挡操作,否则会导致车辆产生剧烈震动、发动机喷油器产生积碳。

(2)若错过了挂挡时机,应先“加空油”再挂挡,防止变速箱发响。注意:加空油的目的是提高变速箱主动齿轮的转速,使之与所挂挡位从动齿轮的转速达到同步。操作方法是将变速杆置空挡位,抬起离合器踏板,迅速提高发动机转速。

(3)换挡操作时,手脚要协调配合,动作要迅速准确,严禁猛推硬拉,以免损坏机件,发生设备事故。

(四)油门操作

1. 加速时拉油门要匀速、缓慢,防止车轮出现空转现象,若出现空转则应适当降低油门。

2. 挂挡后松离合器的过程中,应根据车速与挡位的情况操作油门手柄使发动机达到对应的转速,以免出现车辆的顿、挫现象。

3. 挂挡运行时不允许通过降低油门的方式来压低车速。

4. 低挡位、大油门以及高挡位、小油门的操作时间不宜过长。注意:长时间低挡位、大油门的操作会增大油耗,降低运行、作业效率;长时间高挡位、小油门的操作会降低动力传递的效率,导致发动机燃烧不良喷油器形成积碳。

5. 不允许发动机长时间在怠速运转,否则会导致发动机燃烧不良喷油器产生积碳。

（五）停车操作

1. 停车时，先将变速杆置于空挡位，同时将油门降至怠速，然后操纵制动机停车。

2. 发动机在熄火前，应先怠速运转 3～5 min，让润滑油和冷却水带走燃烧室、轴承和轴瓦等部位的热量，以防增压器温度急剧上升导致轴承咬死和油封失效。

第二节　液力传动轨道作业车驾驶操作

一、准备工作

（一）非操作端处理

1. 各开关置于关闭位或中立位。

2. 自阀保压制动后从取柄位取出手柄，单阀从运转位取出手柄。

3. 闭合电源总开关。

（二）启机操作

1. 将本端操作开关置“开”位，控制车选择开关置“本车”位。待控制系统自检完成后，显示屏应无任何报警信息且各参数正常显示。

2. 确认蓄电池电压高于 24 V，发动机、变速箱、各模块通信正常，变速箱工作开关置于“关”位，司机控制器置于中立位。

3. 按下起动按钮，电喇叭自动鸣笛提示后，发动机启动。若一次启动不成功，则需根据显示屏的“提示信息”及“报警信息”进行相应处理。

4. 发动机启动后，根据显示屏的“提示信息”进行相应操作。

5. 待总风缸风压充至定压后，松开人力制动机，按规定进行制动机性能试验。

二、驾驶操作

(一)运行操作

1. 操作方法

(1)把变速箱工作开关置于"开"位,缓解制动机,待制动缸压力回零后,根据运行方向缓慢、匀速地操作司机控制器,使发动机转速稳定上升,车辆平稳起步。

若无法正常起步,则需根据显示屏的"提示信息"及"报警信息"进行相应处理。在确认各机构处于安全状态,但显示屏的"报警信息"无法消除影响行车时,可使用旁通操作。

(2)司机在运行过程中应适当调整司机控制器的位置来控制车速,不得超速运行。

(3)调速或停车时,应先将司机控制器置于中立位,再进行制动机的相关操作。

2. 注意事项

(1)高速行车前,所有工作机构应复位并锁定。

(2)运行过程中,注意观察显示屏的"提示信息"及"报警信息",监控车辆状态。

(3)发动机在熄火前,应先怠速运转 3~5 min,让润滑油和冷却水带走燃烧室、轴承和轴瓦等部位的热量,以防增压器温度急剧上升导致轴承咬死和油封失效。

(4)必须在车辆停稳后,方可进行换向操作。

(5)遇到特殊情况可直接使用紧急制动。停车后,及时检查车辆有无损坏,发现影响行车安全时应及时处理。

(二)不熄火换端操作

1. 不熄火换端需在车速为零时进行操作。

2. 关闭"本端操作"开关取出钥匙,切勿关闭控制车选择开关。此时显示屏报警"请尽快选择操作端"。

2. 自阀保压制动后取出自阀及单阀手柄。

3. 在操作端插入钥匙并打开“本端操作”开关，控制车选择开关置“本车”位。此时显示屏提示“请将他端开关复位”，然后应进行相应操作。

4. 自阀及单阀手柄置于工作位，并进行制动机简略试验。

（三）低匀速操作

低匀速工况设有 3 km/h、5 km/h、7 km/h、10 km/h 四种模式。当车速低于15 km/h 时，才可执行低匀速走行控制。

在显示屏软开关界面点击“低匀速模式软开关”，选择设定速度目标值，操作司机控制器进行控制。

退出时，应在显示屏软开关界面点击取消低匀速模式或直接关闭变速箱工作开关。

（四）重联操作

重联控制系统可以实现两台轨道作业车的同时控制或单独控制。

1. 将两台车辆的重联线束通过端部的重联插座进行连接。

2. 闭合补机总电源开关，在补机任一操作台上将控制车选择开关置于“他车”位。

3. 闭合本务机总电源开关，将本务机本端操作开关置“开”位，控制车选择开关置“本车”位。

4. 在本务机显示屏“软开关控制”界面，可选择“重联单本机”“重联单补机”“重联双机”三种模式。

5. 走行应急模式不能进行重联操作。

（五）走行应急模式操作

在电气控制主系统异常情况下，可通过走行应急模式进行应急走行。

将Ⅰ端本端开关置“开”位，“走行应急模式”开关置“开”位，启动发动机进行相应操作。

注意事项:

1. 走行应急模式是一种在非正常情况下(主控制系统故障),司机可临时采用的应急运行模式,不可以长时间或频繁使用。

2. 每一次走行应急模式的选择将作为重大事件保存在历史记录中,长时间或频繁使用走行应急模式会导致车辆部件损坏。

3. 走行应急模式下,熄火按钮无效,关闭走行应急模式开关控制发动机熄火。

4. 走行应急模式下,显示屏仅能显示发动机及变速箱的部分参数,相关参数可通过发动机"转速表"和"车速里程表"进行观察。

第十章　车辆维护保养

车辆的使用和保养是不可分割的，保养是为了更好的使用，使用必须注意保养。保养关系着车辆质量、经济性能和运用安全。司机应熟悉所用车辆的结构，掌握容易出现故障的部件和关键部件，掌握常见故障的处理方法，正确使用工具，明确职责，牢固树立爱车思想，以认真负责的态度谨慎操作、精心保养车辆。

车辆在使用过程中，司机应根据使用情况和使用阶段制定好维护保养计划，做好车辆的日常保养、定期保养、换季保养和走合期保养等工作。车辆保养完成后，还应总结经验，形成记录，确保保养到位、各部均处于良好的工作状态。

车辆的维护保养工作应遵照《轨道作业车管理规则》和车辆使用保养说明书的有关规定执行。其中发动机、离合器、变速箱、空气压缩机等重要总成的维护保养还需仔细阅读相关部件的说明书并遵照执行。

一、日常保养

日常保养是在每天或出乘前后，按规定项目进行的以清洁、检查、调整、紧固、润滑为主要内容的预防性维护工作，保证轨道作业车技术状态良好。

1. 清洁车身内外、车窗、仪表盘、电气柜、电气设备和底盘。

2. 检查灯光、仪表、显示器、雨刮器、喇叭、撒砂装置是否完好。

3. 检查散热器、油箱、水管、油管、空气制动管路密封是否完好。

4. 检查冷却液液位及燃油、润滑油、液力传动油、液压油油位是否符合要求,各部有无渗油现象。

5. 检查蓄电池极柱连接情况,接线有无松动,极柱有无氧化腐蚀,电解液有无泄漏现象。

6. 检查和调整散热风扇、充电发电机、空压机皮带挠度,更换不良皮带。

7. 检查液压系统,确认系统各部件安装牢固无松脱、外观完好无泄漏,液压油油质、油位符合要求。

8. 及时清除和排放油水分离器、各风缸、制动管路中的积水和油污。

9. 检查和调整制动缸活塞行程、闸瓦间隙,更换磨损到限或有裂纹的闸瓦。

10. 检查车体、车架、排障器、走行系统、传动轴、各拉杆(销)等状态,并按规定润滑。

11. 检查踏梯、踏板、扶手和栏杆的紧固情况。

12. 进行车钩“三态”作用试验,检查钩舌、钩销润滑是否良好,车钩固定螺栓是否紧固。

13. 检查轨道作业车各工作装置、行车安全设备、附属设备安装及连接情况,并按需检查工作状态是否正常。

14. 检查各连接螺栓、连接销、开口销、保险垫及各安全托(吊)架是否紧固、完好。

15. 检查行车安全用品是否齐全有效,缺损应及时补充更换。

16. 检查紧固 GYK 的速度传感器、电磁阀及轴温传感器连接、保护装置螺栓。

17. 检查紧固作业视频安全监控装置安装支架螺栓。

18. 检查人力制动机安装支架有无开焊、变形,滑轮、钢丝绳润滑是否良好;转动是否灵活,工作状况是否良好。

19. 检查载货平台墙板锁闭是否可靠,铰轴有无裂纹。

20. 检查电缆外观良好,无破损、折断,电磁阀、连接器及传感器等插接部位接触牢固无松动。

二、定期保养

定期保养是按规定的间隔时间、里程进行的以全面检查、调整、紧固、润滑和处理不正常状态为主要内容的周期性维护工作。定期保养周期为 3 个月或 5 000 km±500 km,以先到者为准。

1. 清洁空气滤清器、机油滤清器、燃油滤清器、液压油滤清器、空压机滤清器,并按规定更换。

2. 检查各种传动皮带磨损情况,必要时更换,调整各传动皮带挠度。

3. 检查发动机及其附件的装配情况,紧固各联结处的螺栓。

4. 检查发动机工况及各系统是否工作正常并按需要处理。

5. 检查发动机、空压机、变速箱(含液力传动箱)、换向箱、分动齿轮箱、车轴齿轮箱的润滑油及液压油油质,并按需要添加或更换。

6. 检查散热器等冷却系统各连接处、接口的密封状态,确保散热效能。

7. 检查离合器及其操纵机构工作情况,润滑分离轴承及各支架;调整分离杠杆与分离轴承的间隙、踏板自由行程达到规定值(40～60 mm)。

8. 检查变速箱(含液力传动箱)、换向箱、分动齿轮箱、发电机或配重铁、车轴齿轮箱悬挂支撑、减振胶垫及紧固螺栓,更换不良胶垫。

9. 检查、紧固、润滑传动轴各部;检查传动轴锁片是否完好,轴套焊缝、突缘叉是否有裂纹;检查万向节十字轴、花键磨损情况。

10. 检查车架、转向架构架有无裂纹和变形;检查液压减振器的紧固和工作状态。

11. 检查车钩的工作高度及各主要部件磨损情况;检查、紧固车钩与车架的铆钉或固定螺栓;给钩舌、钩身、钩座等滑动面添加润滑脂。

12. 检查、调整排障器距轨面高度;紧固固定螺栓;检查扫石器胶皮有无老化,按需要更换扫石装置。

13. 检查蓄电池电压,清洁极柱。

14. 检查基础制动、空气制动、人力制动机工作状态;检查、紧固各管路和接头;检查各杆件、销轴、开口销有无变形和断裂,修复不良部件;按规定更换闸瓦、校验制动部件。

15. 检查轮轴弛缓线是否清晰,有无错位;检查轮缘、踏面的磨耗及擦伤情况;按规定进行车轴无损探伤检查。

16. 检查、紧固各连接部件、安装支架、安全托架的紧固螺栓。

17. 排除所发现的故障及不正常现象。

18. 检查紧固 GYK 的速度、轴温传感器、放风阀联接螺栓。

19. 检查紧固作业视频安全监控装置的安装支架螺栓。

20. 检查车体是否有锈蚀,油漆是否有脱落,必要时进行清除和补漆。

21. 检查随车起重机钢丝绳是否完好,高度限位器拉线是否作用良好。

22. 检查作业平台、立柱和紧线装置等结构件有无裂纹和变形。

23. 检查平台立柱和回转支承等部件的紧固、润滑情况,立柱内拉杆、链条及钢丝绳、磨耗板有无其他异常情况,各支座焊缝是否有裂纹。

24. 检查回转齿轮的润滑状态及磨损情况。

25. 检查调平装置铰支座的焊缝有无裂纹及销轴的磨损情况。

26. 检查液压支腿有无变形、润滑是否良好,支腿油缸有无渗油现象。

27. 检查和调整各机构的行程开关至合适位置。

三、换季保养

换季保养是季节温、湿度变化时进行的季节性维护工作。运用单位应根据实际情况，对轨道作业车进行季节性措施。

1. 换季保养可结合定期保养进行，在每年 4 月和 10 月前后各进行一次。

2. 入夏前要清洗散热器及冷却系统，清除水垢。

3. 换季保养的防寒过冬措施。

(1)车内配有取暖装置的，须确认状态良好。

(2)检查空气制动系统各部件，做好重要部件的冬季密封保温措施。入冬前要对轨道作业车下部制动管路及阀体采取防寒措施。

(3)对发动机冷却系统采取防冻措施，低温地区按规定需加注长效防冻液，及时更换适宜低温使用的燃油、润滑油脂及液压油。

(4)根据冬季气温的变化对扶手、脚梯进行防滑处理。

四、走合期保养

走合期保养是新造或大修的轨道作业车在出厂初期行驶 2 500 km±500 km 进行的特定性维护工作。

1. 车辆在走合期内的运行，所带负荷不得超过额定负荷的 70%。

2. 轨道作业车初次行驶 2 500 km±500 km 后，机械变速箱、换向箱、车轴齿轮箱、分动齿轮箱、空压机应换油；检查基础制动装置中各闸瓦有无异常磨耗、裂纹、掉块、偏磨等现象，各杠杆处有无变形、卡滞现象，各销轴处有无裂纹、开口销断裂或松脱现象，调整制动缸活塞行程到规定值；检查液压油洁度是否符合要求。

3. 走合期间,检查各走行传动部件、液压泵、液压马达、空压机的运转情况、温升情况;观察各箱体、液压泵、液压马达、空压机及连接管路应无渗漏。

4. 走合期满后,进行一次定期保养。